PEUPLE

ET

BOURGEOISIE

PEUPLE

ET

BOURGEOISIE

—

SUITE DE CAUCHEMARS, SONGES ET RÊVERIES
POSITIVISTO-SOCIALISTES

Conciliation et réconciliation.

—

PRIX: 2 Francs.

PARIS

GARNIER FRÈRES, LIBRAIRES-ÉDITEURS

6, rue des Saints-Pères et Palais-Royal, 215.

1870

AVANT-PROPOS.

—

L'auteur des lettres qui vont suivre m'autorise à les publier.

Je ne suis donc nullement indiscret en le faisant.

L'Editeur responsable,

Dr A.-E. F.

PREMIÈRE NUIT.

—

Mon cher et bon Docteur,

En prison, parce qu'on manque d'exercice
et d'air ; on dort mal : parce qu'on dort mal ;
on rêvasse : et parce qu'on rêvasse ; on a le
cauchemar, aux très-courts instants où l'on
passe de la somnolence au sommeil.

Ces inconvénients ; je les avais si bien soup-
çonnés qu'avant de me rendre à Sainte-Pélagie
(que ne vous consultais-je, hélas !) je m'étais
juré de suivre, dans sa plus stricte rigueur, le
régime que voici.

De par Jupiter : m'appliquer sur la cervelle,
tous les soirs, en guise de cataplasme lauda-
nisé, une page de la sainte Bible, plus une page
du Koran, plus une page du catéchisme de
Montpellier, plus une page du catéchisme positiviste...., plus encore une page de la Bible,
plus une encore du Koran, plus encore une de

l'un et l'autre catéchisme...., et ainsi de suite.... jusqu'à parfait sommeil, dans les bras du plus aimable des quatre grands êtres, res-pectivement prônés par chacun de ces livres, si bien faits pour consoler notre espèce en l'a-méliorant.

Nul doute, me disais-je, qu'à défaut de leur commisération générale, l'un d'eux (ne fût-ce que pour faire nique aux trois autres) me fera la charité, sinon d'une valeur plus grande, au moins d'un peu de sommeil.

A priori, d'après vous, d'après moi, d'après tout le monde même ; pensant ainsi, je rai-sonnais juste ; n'est-il pas vrai ?

Eh bien ! pas du tout, j'extravaguais on ne peut mieux !

———

En effet, le premier soir que j'eus à fermer l'œil, en mon *in pace* politique ; je me servis, aussi pieusement que je me l'étais promis, je me servis, dis-je, la première page du livre des juifs, plus la première page du livre des musulmans, plus la première page du livre des chrétiens catholiques, apostoliques et romains, plus enfin la première page du livre des posi-tivistes : sans obtenir aucun résultat.

Elles étaient trop courtes!

Donc, religieusement, je passai aux secondes.

A l'apparition d'Eve ; je souris : au Dieu
clément et miséricordieux ; je sentis mes pau-
pières s'appesantir : à cette parole du prophète
roi : « Vous avez gravé sur nous, Seigneur, la
lumière de votre visage ; » j'eus comme un
éblouissement : et, avant d'avoir achevé la
première phrase de la seconde page positiviste ;
je dormais !

Je dormais ! Et, dans mon sommeil, je
voyais, non pas la trinité, non pas Allah, non
pas même Jéhova ; mais bel et bien (ne sais
pourquoi) leur premier ennemi commun :
Messire Lucifer lui-même.

Or il advint que lui aussi prit mes quatre
bouquins ; lut leurs quatre premières pages,
sans résultat ; puis leurs quatre secondes ; et
s'endormit !

Il s'endormit ! Et, pendant qu'il dormait,
survint un autre personnage, qui se mit à
écrire, écrire, écrire..., tant, tant, tant..., si
vite, si vite, et si vite..., avec une plume si
criarde ! qu'il réveilla Lucifer.

Non ! de ma vie je ne pourrai peindre la stupéfaction de ce dernier, apercevant mon second visiteur.

Littéralement il en fut démonté.

L'autre écrivait toujours.

Il en fut démonté !... Mais avec son diabolique aplomb de ci-devant favori divin, il finit par se remettre..., pas assez toutefois pour ne point glapir en disant à celui qui l'avait tant bouleversé :

— Malheureux A + B ! N'as tu donc parcouru l'espace... de l'équateur aux pôles... et fouillé le temps... depuis son passé le plus sombre, jusqu'à son plus riant avenir... que pour aboutir à cette espèce de catéchisme !...

A cette espèce de catéchisme destiné à perdre...

A + B. — ... Ou à sauver...

Lucifer. — ... Tous ceux qu'il rendra positivistes.

A + B. — Tu l'as dit.

Lucifer. — Sauver ou perdre ! qui tranchera la question ?... Dieu?

A + B. — Non ; l'humanité.

———

L'humanité !

Ah !. mon cher et bien aimé docteur !... pardon, si je vous offense !... Mais quelle quintessence de cabale avez-vous donc glissée dans ce mot ; pour qu'entendu ou prononcé à la positiviste, il vous assomme... comme une masse fait un bœuf.

Toute la nuit, j'en suis resté rompu, brisé, moulu... suant froid sur mon pauvre lit ; sans pouvoir entendre, voir, ou bouger : mais sentant, dans ma pauvre tête, Dieu et l'humanité se battre au détriment de ma pauvre cervelle.

Tel fut mon premier cauchemar positiviste ! Oh ! l'affreux supplice !! Sainte - Pélagie ; priez pour moi !!!

DEUXIÈME NUIT.

Hier soir, j'ai lu, comme j'avais fait la veille, une sainte page hébraïque, plus une sainte page islamique, plus une sainte page catholique, plus encore une seule phrase positiviste ; et le sommeil s'est fait sentir d'une façon irrésistible.

J'ignore comment dix mots, dont trois en *crate*, ont pu mieux faire que trois pages traitant d'Allah, de Jéhova, ou de leur adversaire. Mais un fait bien certain, c'est que je m'endormis et même commençai de rêver en achevant de lire ce cacophonique assemblage :
« En effet, nous, sociocrates ne sommes pas
» davantage démocrates qu'aristocrates. »

Donc jai vu, cette nuit, comme la nuit précédente, entrer LUCIFER, d'abord, et A + B, ensuite.

Ils se sont salués, voire même donné la main,

comme font deux personnes de bon ton qui se respectent et s'estiment ; sans pourtant s'aimer encore.

Après quoi, sans que j'aie pu saisir leurs premières phrases ; ils ont eu le scientifico-diabolique dialogue que voici :

———

LUCIFER. — Puisque vous persistez, docte A + B, à tartiner votre... manière... de catéchisme ; répondez au moins à cette première question, que jamais catéchisme n'oublia : *Qui a fait le monde?*

A + B. — Je n'en sais rien...

LUCIFER. — ... Beau début !...

A + B. — ... Ni vous non plus.

Les prêtres d'Europe affirment que c'est Dieu. Ceux de Polynésie disent que c'est le ciel et la terre. Ceux d'Asie et d'Amérique soutiennent (les uns) oui (les autres) non, ce dernier dire ; ou bien prétendent que c'est le soleil et la lune ; ou bien le feu et l'eau ; ou bien encore tout autre chose... et ceux de la plupart des noirs, Africains ou Papous, ne se posent même pas la question.

Quant aux savants ! Selon qu'ils sont matérialistes ou spiritualistes, astronomes ou géologues, chimistes ou biologistes, et cœtera... ; ils affirment que ce sont les atomes crochus ou un être suprême, les fluides éthéro-lumineux ou les corps simples... combinés suivant leurs affinités cristallographiques ou leurs propriétés vitales, et cœtera, et cœtera, et cœtera encore... Ce qui veut dire qu'à cet égard, ils n'en savent pas plus long que les prêtres.

Lucifer. — Et les positivistes?

A + B. — Les positivistes répondent tout simplement à ceux qui leur en parlent : « Jamais, de mémoire d'homme, on n'a pu » s'entendre sur cette question, taxée de pri- » mordiale; quoique parfaitement oiseuse. Mais » sans la résoudre aucunement, on a très-bien » pu améliorer notre espèce et ce qui l'en- » toure.

» Donc, profitant de cette expérience archi- » séculaire, et voulant concourir le mieux et le » plutôt possible, au bien commun ; nous » écartons systématiquement toute question » pareille, afin de ne perdre aucun temps à » systématiquement progresser. »

Lucifer. — Ainsi, d'après votre doctrine, cette demande qui commence tous les caté- chismes du monde, n'est bonne qu'à faire per- dre leurs peines, à ceux qui l'abordent.

A + B. — Précisément.

Lucifer. — Mais votre positivisme, qu'est-il donc ; pour trancher, aussi cavalièrement, le pour et le contre d'une question que se sont posée tous les hommes?

A + B. — Le positivisme (qui n'est ni mien, ni vôtre, mais à tous) est seulement une *école philosophique*, pour ceux qui veulent s'en tenir au point de vue exclusivement intellectuel ; un *parti politique*, pour ceux qui veulent s'en tenir au point de vue exclusivement pratique ; et seulement encore *une religion*, pour ceux qui veulent s'en tenir au point de vue exclusivement sentimental. Mais, pour tous ceux qui veulent mener de front le perfectionnement de leur cœur, de leur caractère et de leur esprit ; il est *un système complet d'organisation sociale*.

Lucifer. — Ah! ah!... Et ce superbe système social a pour but?

A + B. — Le progrès...

Lucifer. — ... Pour base?

A + B. — L'ordre...

Lucifer. — ... Et pour principe?

A + B. — L'amour.

Lucifer. — Admirable peut-être? Mais à coup sûr, à peu près incompréhensible pour moi!

Donc, un exemple, s'il vous plaît; ou, tout au moins, une paraphrase.

A + B. — Va pour l'une et l'autre. « L'amour pour principe, l'ordre pour base et le progrès pour but, » formule sacramentelle du

positivisme, veut dire tout bonnement ceci :
« Le progrès n'étant, à tout bien prendre, que
» le développement de l'ordre ; forcément, vous
» nuirez et, forcément, vous provoquerez la
» rétrogradation, toutes les fois que vous chan-
» gerez quoi que ce soit, sans être à même de
» mieux faire. »

LUCIFER. — La belle maxime de conservateur!... et vous vous dites républicains.

A + B. — Républicains, mais non révolutionnaires.

LUCIFER. — J'avoue que je ne comprends
pas la nuance.

A + B. — Hélas! vous n'êtes malheureusement pas le seul!... Dois-je continuer ?

LUCIFER. — Continuez si bon vous semble !...
mais je me trompe fort; ou les belles choses
que vous me dites sentent beaucoup certaine
maxime de l'Imitation...

A + B. — ... Que le fondateur du positivisme a donnée pour épigraphe à son traité de
synthèse subjective.

LUCIFER. — Citez un peu... voir si nous pen-
sons à la même.

A + B. — *Omnis ratio et naturalis in-
vestigatio fidem sequi debet, non precedere nec
infringere.*

LUCIFER. — Précisément!... ce qui veut dire?...

A + B. — Tout raisonnement, comme

toute recherche naturelle, doit suivre la foi, ne pas la devancer ni la détruire.

Lucifer. — Très-bien!... et c'est pour cela que votre positivisme vient offrir, à tous ces pauvres diables d'humains, une manière nouvelle de penser, plus une manière nouvelle d'agir, plus une manière nouvelle d'aimer ; formant à elles trois, une manière nouvelle de gouverner le monde.

A + B. — Leur offrir ; mais non leur imposer.

Pauvre Messire Lucifer ! ne pourrez-vous donc jamais admettre qu'on ait une foi, autre que celles qui vous damnèrent successivement ; et vous ferez-vous donc éternellement l'écho de ceux qui vous abominent.

Ecoutez !

Ou le positivisme est une monstruosité née d'hier, comme le prétendent tant de prêtres et tant de savants intéressés à le calomnier : ou bien il est, au contraire, une force mentalosociale, bien plus ancienne que ne le pensent et les uns et les autres.

Lucifer.—Une force mentalo-sociale ! Pourquoi cette expression barbare ?

A + B. — Puisque toute doctrine philosophique est une force mentale ; et que le positivisme est une doctrine philosophique émanant des sciences, qu'il hiérarchise et systématise ;

comme celles-ci émanent des saines observations du vulgaire ou de la société qu'il...

Lucifer. — Continuez, continuez ! j'exècre et la hiérarchie et les systèmes, et le vulgaire et les savants et surtout les philosophes.

A + B. — Soit ! Je continue en discutant ma première hypothèse.

« Le positivisme est une monstruosité née d'hier ! »

Donc il n'est pas coupable ; si les Egyptiens ne croient plus au bœuf Apis ; les Grecs et les Romains... à Jupiter ; tous les chrétiens... au pape ; tous les philosophes... à la métaphysique ; tous les praticiens... à l'excellence de l'empirisme industriel ; et cœtera, et cœtera...

Lucifer. — Voilà qui est logique, j'espère !... Dieu, quel triomphe !! Vive à jamais positivisme et positivistes ! ! !

A + B. — Les conséquences de cette première supposition vous répugnent? Passons à la seconde.

Le positivisme, que répudient toutes les religions, plus tous les partis, plus toutes les écoles *modernes...*

Lucifer. — ... Plus tous ceux et toutes celles...

A + B. — ... Plus tous ceux et toutes celles qui, jusqu'à ce jour, ont (successivement ou simultanément, en se battant ou non) gouverné les hommes tant bien que mal... le positivisme, dis-je, n'est pas né d'hier !

Alors de quand est-il ?

LUCIFER. — De quand est-il ? Soit.

A + B. — Laissons parler sa formule ! « *L'amour pour principe.* » Donc il peut avoir *sentimentalement* enraciné son premier germe dans le cœur de la première femme, que son enfant soulagea, en la têtant.

LUCIFER. — ... En la têtant. Pourquoi cette restriction matérialiste ?

A + B. — Ne savez-vous pas qu'il fut, et qu'il est encore, des femmes sauvages, si misérables !... Qu'elles dévorent leur petit, quand il arrive au monde.

LUCIFER. — Dieu de miséricorde ?... Est-ce possible ?

A + B. — « *L'ordre pour base.* » Donc il peut.

LUCIFER. — Qui... il ?

A + B. — Le positivisme... peut avoir *pratiquement* accroché sa première tige au vouloir du premier chasseur, qui combattit la première fauve.

Enfin « le progrès pour but. » Donc il peut avoir *mentalement* épanoui sa première feuille, dans l'esprit du premier penseur, que punit sa première erreur.

LUCIFER. — Si bien qu'au lieu d'être une

monstruosité née d'hier ; votre positivisme est, au contraire, un procédé mental aussi vieux que notre espèce.

A + B. — Vous l'avez dit : et sa manière de poursuivre la vérité a certainement aidé plus d'une fois les métaphysiciens et les révolutionnaires à vaincre leurs ennemis : les absolutistes.

Lucifer. — En foi de quoi, par excès de reconnaissance, ces susdits révolutionnaires et ces susdits métaphysiciens vous font la guerre autant, si ce n'est plus, que leurs ennemis les absolutistes.

Ah ! pauvres positivistes ! que vous êtes donc malheureux !

—————

Ce disant, Messire Lucifer partit d'un immense éclat de rire et quitta ma cellule : A + B, rouge de colère, courut immédiatement après lui : et, toute la nuit, je rêvai duel, sang, carnage et agonie.

Sainte Pélagie ; sainte Pélagie ! Vous qui, pendant le jour, gardez si bien mon corps périssable, veillez donc, un peu mieux, sur mon âme immortelle, durant la nuit.

TROISIÈME NUIT.

—

J'ai mangé, hier soir, de la morue à la hollandaise. Cette ratatouille, étrange autant qu'étrangère, ne passe jamais bien chez moi. Elle me vaut ordinairement force baillements, suivis de vertiges, suivis eux-mêmes d'un sommeil généralement aussi pénible que prématuré.

Les choses étant ainsi ; dois-je traiter, de positiviste ou bien d'ichtyologico-batave, mon troisième cauchemar de la rue de la Clef ?
Voyons un peu !

A la charge du qualificatif hybride sont les pommes de terre, le poisson et le coulis butyro-farineux, qui tant ajoute à leur poids : à sa décharge, au contraire, trois pages anciennes et seulement... seulement ! (je n'ai pu en avaler davantage) sept mots positivisto-modernes. ... Décidément, j'opte pour l'adjectif culinaire !

Mais, direz-vous, après avoir lu ce troisième colloque de Messire Lucifer et du docte A + B, si le premier de ces deux Messieurs est pour quelque chose dans l'invention du diabolique ragoût qui vous a tant incommodé; certainement le second (entiché autant qu'entaché de l'hérésie nouvelle, depuis les pieds jusqu'à la tête) peut fort bien vous avoir écœuré avec ses mots techniques et ses raisonnements à perte de vue.

— D'accord, d'accord! incontestablement son érudition fatigue, abrutit même! Mais je veux être indulgent cette fois et tenir compte au docte A + B de n'avoir pas, le premier, délaissé l'aristocratique mais presque toujours convenable *vous*, pour le *tu* plébéien, si prompt à passer de la familiarité à l'injure, quand il n'est pas doublé d'une vieille et sincère amitié.

Donc, je le répète, c'est la morue et non le positivisme qui..... Mais j'ai tort de m'ériger en juge, lorsque je ne dois être que simple historien : par conséquent lisez et décidez vous-même.

—

Lucifer. — Salut! positivissime, savantissime et puissantissime docteur A + B.

A + B. — Qu'est-ce qui me vaut cette apostrophe aussi aimable qu'ironique?

Lucifer. — Cette phrase, aussi courte que modeste, de ton admirable catéchisme !.....

« Au nom du passé et de l'avenir, les servi-
» teurs théoriques et les serviteurs pratiques
» de l'*humanité* » (en grosses lettres, mon cher,
» en grosses lettres) « viennent prendre digne-
» ment la direction générale des affaires ter-
» restres, pour construire enfin la vraie provi-
» dence morale, intellectuelle et matérielle ;
» en excluant irrévocablement de la supré-
» matie politique tous les divers esclaves de
» Dieu, catholiques, protestants ou déistes,
» comme étant à la fois arriérés et pertur-
» bateurs. »

Ouf ! 9 lignes, 59 mots, 9 virgules ; le tout neuf, sauf un point et virgule emprunté à l'ancien régime. Quelle poésie !

Après tout, diras-tu, c'est une déclaration de guerre, une prise de possession de pouvoir politique, religieux et pratique. Or, en diplomatie, être obscur c'est être habile ; en religion, n'être pas mystérieux c'est presque être hérétique ; et, en pratique, distribuer les virgules et les points à tort et à travers, comme des coups de marteau sur une enclume, c'est peut-être préparer un beau désordre.

A + B. — Va, mon cher Lucifer, va toujours et continue à faire la demande et la réponse ; pour être sûr.....

Lucifer. — Tu te fâches, ami ! Eh bien ! parlons sérieuseusement.

De quand date cet audacieux 18 brumaire positiviste ?

A + B. — Du dimanche 19 octobre 1851...

Lucifer. — Fait en notre salle de conférence, au palais cardinal, sous la république, n'est-ce pas ?

A + B. — Oui.

Lucifer. — Et, depuis, qu'avez-vous récolté ?

A + B. — L'empire.

Lucifer. — Avec son brillant cortége.....

A + B. — ... Toujours sensible au faste, orgueilleux Lucifer !... avec son brillant cortège de mitreurs et de mitrés, de sabreurs et de sabrés, d'enrubaneurs et d'enrubanés, de.....

Lucifer. — Dont pas un n'a eu l'esprit d'exploiter l'érudition ou le néo-cagotisme des vôtres ; en offrant.....

A + B. — ..... A celui-là un habit vert-pomme, ou, tout au moins, à celui-ci, quelques mois de prison pour le mettre à même d'affirmer sa valeur morale ; en criant au martyre.

Tu vois, mon cher ami, que je connais tout aussi bien que toi, ton thème d'*arriéré esclave de Dieu, catholique, protestant ou déiste*, et de non moins *arriéré perturbateur* révolutionnaire :

et que, tout ausssi bien que toi aussi, je sais
parodier les phrases qui semblent trop longues
à tes ..... oreilles.

Lucifer. — Pour la troisième fois, tu te
fâches, depuis que nous causons ; ah, c'est
mal !

Tiens ! parlons sérieusement, en bons vieux
amis.

A + B. — Soit !

Lucifer. — Nouveaux conspués de tous les
partis passés, présents et futurs, de toutes les
écoles et de toutes les religions (je te fais la
part belle, j'espère !), où en êtes-vous, messieurs du positivisme ?

A + B. — Dois-je répondre sérieusement?

Lucifer. — Oui, j'ai fini de plaisanter.

A + B. — Où en étaient les encyclopédistes, sous Louis XV et la Du Barry.

Lucifer. — Je ne te comprends pas.

A + B. — Oh que si ; tu me comprends
bien !...

Mais puisque ton faible, pour les jolies filles
et les débauchés, ne te permet pas même de
rapprocher deux époques..... qui se ressem-
blent à faire peur.....

Lucifer. — La belle expression !.....

A + B. — ..... Plus juste que tu n'en veux
convenir..... Je vais te mettre les points sur
les I.

Au temps dont je te parle, qu'on fut prêtre, soldat ou vilain ; on n'arrivait de par le chef de l'Etat aux plus douces faveurs, à la richesse, voire même aux dignités les plus hautes, de la robe ou de l'épée, qu'en se faisant..... procureur !... Qu'en offrant à la scandaleuse lubricité de Sa Majesté Très Chrétienne et à l'intarissable soif d'argent, qui en était la conséquence..... qu'en offrant, dis-je, de charmantes vierges folles ou d'abominables affaires, comme celle du pacte de famine.

Après moi, le déluge, disait ce bien-aimé, exclusivement responsable de ses faits et gestes devant son unique électeur : Dieu! car il n'y avait dans la constitution d'alors aucun indice du tribunal dont était passible cet autocrate du bon plaisir.....

Donc « après moi le déluge !... » Et tout ce qu'il y avait de vaniteux... naïfs, d'ambitieux... à vendre, de vicieux... sans fortune, cu de gens trop tarés pour vivre dans le monde, ralliait la cour et venait en aide à Sa Majesté..... pour achever de ruiner la France.

Je dis *achever* ; parce qu'avec toutes ses victoires, toute sa pompe et toute sa gloire, puis toutes ses défaites, toutes ses misères et toutes ses humiliations, le grand roi.....

Lucifer. — ... Malheureux ! si je te laissais dire... (au nom de ta mesquine vertu domestique de petit… bourgeois) … tu critiquerais Henri IV lui-même.

A + B. — Le faste du grand grand père t'enivre encore ?… Soit, j'en reviens au petit-fils.

Pendant le règne, beaucoup trop long, de ce susdit monarque, incapable de se rallier un homme à la fois intelligent et honnête, tout devint si louche et si libidineusement ravalé aux intrigues d'alcôves et aux filouteries de tripôts, qu'on employa, pour gouverner la France ou la représenter, des êtres dont on pouvait suspecter non-seulement la profession, non-seulement la probité, mais le sexe lui-même.

LUCIFER. — Ailleurs, était-ce donc mieux ?

A + B. — Les infamies des autres ont-elles donc effacé les nôtres ?.....

Certes, si regardant alors notre malheureux pays se laissant éblouir et bâtonner tout à la fois par la canaille officielle, on avait affirmé que de ce dix-huitième siècle, écoulé déjà presque aux trois quarts, il ne sortirait rien, absolument rien de bon : on se serait grossièrement trompé, n'est-il pas vrai ?

LUCIFER. — Soit ! mais à qui, ou bien à quoi veux-tu faire allusion ?

A la révolution française ! — Elle a tué tout

le monde : ennemis, d'abord ; amis, ensuite ; elle-même, après.

Au temps néfaste dont tu parles, on avait du moins trop d'esprit pour se pendre soi-même quand on avait fini de pendre tous les autres.

A + B. — Eh, qui te parle de la révolution ou de ses chefs ; de ses bienfaits ou de ses fautes ; de ses martyrs ou de ses criminels ! Il ne s'agit ici purement et simplement que de ses quelques précurseurs : les encyclopédistes, si bafoués et si persécutés.

Lucifer. — Et c'est modestement à eux que vous osez vous comparer ?

A + B. — Non pas nous, disciples d'Auguste Comte, mais lui, notre maître.

Lucifer. — Vive Dieu, Messieurs les positivistes ; à défaut de science, la fatuité du moins ne vous manque pas !

A + B. — Laissons de côté la science aussi bien que la fatuité ; pour n'examiner que les faits. Commence-t-on, oui ou non, à nous jeter la pierre ; comme fit le siècle dernier aux encyclopédistes.

Lucifer.—Les gens de bon sens ont toujours critiqué les Trissotins et les Vadius, de n'importe quelle plume ou poil ; et, toujours, ces Vadius et ces Trissotins, de n'importe quel poil ou plume, ont usurairement escompté leurs doctrines vides, en se disant victimes.

Tiens, mon pauvre A + B, veux-tu (sur toi, les tiens et autres novateurs borgnes ou aveugles de ton espèce) mon opinion nette et franche?

A + B. — Pourquoi non, si cela te soulage.

Lucifer. — Eh bien! tous tant que vous êtes, philosophes , réformateurs , socialistes , et cœtera, et cœtera..., vous me faites pitié!

Vous me faites pitié! parce que vous vous acharnez les uns contre les autres, sans vous apercevoir que la divergence de vos opinions vient de l'incohérence des idées de votre maître.

Pitié! parce que vous n'êtes, comme votre maître, égalitaire que faute de pouvoir garder le niveau de qui que ce soit : pitié encore! parce que vous cachez, comme lui, votre insociabilité radicale sous le masque de la philanthropie ;

Pitié toujours! parce que, pour sauvegarder votre caprice ; vous invoquez, à son exemple, tantôt, le soi-disant infaillible instinct du sauvage ; et tantôt, la suprême hallucination du mystique : parce que vous passez constamment, comme lui, du blanc au noir ; sans avoir pour excuse, comme lui encore, de pisser bien ou mal ; parce qu'avec 900 avis comme les vôtres, on ne ferait pas un vouloir aussi ferme que celui du premier têtu qu'à l'unanimité vous proclamerez imbécile ; parce qu'enfin, à toute question comme à tout événement, vous avez pour unique réponse « délibérons ! » tant vous osez ou savez peu dire « Je veux. »

A + B. — A merveille, mon cher Lucifer. Je n'aurais jamais espéré que l'infernal désir de critiquer le positivisme, quand même, te fît si bien tomber dans notre sens.

Mais où diable as-tu vu qu'un seul de nous fût élève de Rousseau ; ou qu'il l'estimât seulement un peu ?

Lucifer. — Ne vous dites-vous pas *continuateurs des Jacobins*.

A + B. — Sans doute...

Lucifer. — Et dans leurs clubs, les Roussiens n'ont-ils pas dominé par les Marat et les Robespierre...

A + B. — ... A leur tour ; comme tant d'autres ! Et qui donc, ayant une foi quelconque (bonne ou mauvaise, peu importe) a résisté au torrent de 93 ?

Lucifer. — Ainsi, messieurs du positivisme, vous reniez Rousseau ?

A + B. — Oui.

Lucifer. — Dans toutes ses nuances ?

A + B. — Oui encore.

Lucifer. — Mais vous acceptez les Jacobins ?

A + B. — Avec enthousiasme ! Nous voulons achever leur tâche.

Lucifer. — Leur tâche ! Et qui donc, grand Dieu, voulez-vous encore septembriser ?... La noblesse ?

A + B. — Il en reste à peine.

Lucifer. — Le clergé ?

A + B. — Il ne se recrute que dans les campagnes.

Lucifer. — La bourgeoisie, alors ?

A + B. — Elle ? pas plus que les autres. Je dirai même encore moins... Malgré ses exécrables journées de juin.

Lucifer. — Cependant elle a horreur du communisme.

A + B. — Et nous aussi.

Lucifer. — Vous n'êtes donc pas socialistes ?

A + B. — Si fait.

Lucifer. — Alors... je n'y comprends plus rien !

A + B. — Veux-tu que t'explique la chose.

Lucifer. — Oh non ! Pas maintenant ; je suis trop fatigué.

A + B. — De critiquer, n'est-ce pas ? Avoue que j'ai de la patience.

Lucifer. — Et moi donc, Monsieur du futur ordre irrésistible.

A + B. — Enfin! voilà ton grand mot lâché.

Lucieer. — Adieu... adieu!

A + B. — Non, au revoir.

QUATRIÈME NUIT.

Je m'endors, en achevant mon unique phrase positiviste : A + B travaille; et Lucifer cogne à ma porte en disant : Puis-je entrer?

A + B. — Oui.

Lucifer. — Comment! c'est toi qui me réponds.

A + B. — Pourquoi pas?

Lucifer. — Tu n'es donc pas fâché?... Cependant mes irrévérences envers ton positivisme...

A + B. — Des mots... encore des mots..., et puis toujours des mots.

Lucifer. — Ainsi pas la moindre rancune?

A + B. — Pas la moindre! Tu fais ton métier; moi, le mien : donc, nous sommes quittes. D'ailleurs je suis ton obligé.

Lucifer. — Mon obligé!... Dieu du ciel!!... et comment?

A + B. — N'es-tu pas le révolté de tous les temps et de tous les lieux, de tous les dogmes, de tous les cultes et de tous les régimes possibles ?

Lucifer. — D'accord.

A + B. — Partant, ne nous as-tu pas constamment aidé, jusqu'à ce jour, à combattre tout ce qui sentait l'absolu ?

Lucifer. — C'est ma foi vrai.

A + B. — Maintenant même ; en te faisant l'écho scrupuleusement fidèle de toutes les objections et quolibets qu'on décoche à notre doctrine, ne nous aides-tu pas à éviter le ridicule, en restant dans le juste milieu...

Lucifer. — C'est pourtant vrai encore. Faut-il que je sois naturellement bon ? je fais le bien sans m'en douter !

A + B. — Il y en a tant qui font le mal à bon escient.

Lucifer. — Que trop, hélas! mais... une idée! Si, comme tu viens de me le dire, je suis le révolté sempiternel et universel de tout ordre possible, moral ou matériel ; à mesure que grandira votre empire, je deviendrai votre ennemi, et votre ennemi acharné! car, si je ne me trompe : vous avez, Messieurs du positivisme, la prétention d'établir, ici-bas, un ordre *purement humain*, mille fois plus solide, mille fois plus intelligent et mille fois meilleur que celui institué par Dieu, lui-même, à l'origine du monde.

A + B. — En effet ; notre plus fervent désir est de façonner tout ce qui nous est accessible (surtout le cœur, le caractère et l'esprit de notre espèce), de façon telle que mal faire..., je dirais plus... mal penser soit aussi difficile, à nos arrière-neveux ; qu'accepter, maintenant, que deux et deux font cinq l'est à nos contemporains.

Lucifer. — Vraiment ! Et vous croyez, Messieurs les arithmétiqueurs, géométriqueurs, algébriqueurs, ou mécaniseurs de la vie humaine, que j'irai, moi, faire un jour la sottise de vous troubler en vos calculs ?

Oh que non pas ! Je suis trop sûr que vous y glisserez, de votre propre cru, plus de fautes, cent fois, qu'il n'en faudra pour déterminer un inextricable désordre.

A + B. — Plaisantes et ris, tant que tu voudras ; mais tiens pour certain que, tôt ou tard, tu nous feras la guerre.

Lucifer. — Moi !

A + B. — Oui, toi, mon pauvre Lucifer, toi et tous les tiens.

Car du jour où prévaudra ce préjugé positiviste « qu'on n'est digne de gouverner les » hommes *spirituellement au moins*, qu'autant » qu'on s'est donné la peine d'apprendre com-

» ment ils sont faits, et comment est leur
» monde » tout ce qu'il y a de juifs, de musulmans et de catholiques, plus tout ce qu'il
y a de grecs et de protestants, plus encore de
métaphysiciens et de révolutionnaires, en trois
mots, de théocrates, d'aristocrates et de démocrates, se déchaînera contre nous autres
sociocrates ; (les uns) sous prétexte qu'ils ne
relèvent que de leur infaillible quoiqu'anti-
papale conscience ; (et les autres) sous prétexte aussi : qu'un dieu toujours vivant inspire
constamment leurs prêtres.

Je dis « sous prétexte... les uns... et les
» autres » parce qu'en réalité la commune
raison est : qu'il est beaucoup plus facile de
croire à la révélation directe où médiate,
quitte à n'en pouvoir tirer aucun parti réel,
que d'étudier l'enchaînement scientifique des
choses ; afin de prévoir et pourvoir.

Lucifer. — Allons donc ! je ne voudrai jamais une pareille ligue.

A + B. — Hélas ! ta volonté n'est malheureusement pas nécessaire. Aussitôt que nous
parlons, tu prônes ta vieille erreur ; ton voisin,
la sienne ; tous les autres, la leur ; et l'universelle cacophonie fait que le public ne nous
entend même pas.

Lucifer. — Non, jamais je ne crierai avec ceux qui me damnèrent.

A + B. — Avec, non ; mais en même temps, si...

Lucifer. — Non, te dis-je !

Tu me prends pour un sot, ou pour un méchant.

A + B. — Ni pour l'un, ni pour l'autre ; mais pour un être ingouvernable, vu son extrême légèreté.

Lucifer. — Ce qui veut dire que, sous le rêve du positivisme, on ne verra plus que des gens graves. Eh bien, merci ! ce sera gai ! Mieux valent mille fois les engourdis et les énergumènes du temps moderne. Si ceux-là se cachent en tremblant ; ceux-ci, du moins, se montrent et braillent pour nous faire rire.

A + B. — Vois si j'ai raison ; tu te prononces déjà.

Lucifer. — Par Dieu ; tu ne promets que l'ennui aux gens de mon caractère.

A + B. — Ah ! je t'en prie, ne disputons pas davantage !

Lucifer. — Volontiers ; mais, alors, laisse-moi te poser trois questions.

A + B. — Soit !

Lucifer. — Quand vous gouvernerez, que ferez-vous de mes semblables, d'abord ; des femmes, ensuite ; et du peuple, après ?

A + B. — Tes semblables ! Nous les mènerons, quelquefois, à bien par l'art...

Lucifer. — Par l'art, Jésus Maria ! par l'art, oh sacré... bleu ! faites-le donc immédiatement : car s'il est au monde une collection d'ouvrages, radicalement dénués de poésie...

A + B. — Peut-on sculpter un monument qui ne fait que sortir de terre ?

Lucifer. — ... Les positivistes ne peuvent-ils donc faire que de laids enfants ? Mais poursuivons. Nous les mènerons quelquefois à bien, disais-tu ?

A + B. — Par l'art ! Quelquefois encore, par le raisonnement : et...

Lucifer. — ... Vous les détournerez constamment du mal... par la contrainte ?

A + B. — A défaut de tout autre moyen ; oui.

Lucifer. — Ainsi soit-il.

Donc, vivent MM. les gens d'armes positivistes !... Auront-ils des menottes ?

A + B. — Espérons que non. Mais en eussent-ils ; ils vaudraient toujours mieux que les serpents juifs, le cimetère musulman, les autodafés catholiques et les haches, potences ou bûchers protestants.

Lucifer. — Oh ! mes pauvres enfants !...

A + B. — ... Dont les plus persécutés n'é-

taient ni les moins bons, ni les moins cou-
rageux.

Lucifer. — Merci! ami, merci! pour cette
bonne parole. On m'accorde généralement si
peu d'affection !...

A + B. — Ne doute jamais de la mienne...

Lucifer. — Malgré ma rude franchise ?

A + B. — A cause d'elle, au contraire...
Eh! bien tu as raison.

Lucifer. — Vivre au grand jour m'a toujours plu.

A + B. — Prends garde! C'est un précepte
positiviste.

Lucifer. — Positiviste ou non ; je l'aime.

L'hypocrisie ne sied qu'aux bâtards de
corps ou d'âme, dont les mauvais chefs font
leurs cagots ou leurs mouchards ; et les mouchards ou les cagots, leurs mauvais chefs.

Un vrai gentilhomme ne ment jamais !

Ainsi donc, entre nous, ce sera guerre ouverte ; si un jour guerre il y a. Mais pour
Dieu, ne me fais pas l'injure de me croire ami
de... canailles, qui n'ont même par l'impu-
dence de leurs vices.

A + B. — Ah! superbe Lucifer, que tu le
veuilles ou non, tu n'empêcheras jamais les
énergumènes et les fourbes des partis les
plus extrêmes de venir cosaquer au tour de tes
troupes, dès que tu les mettras en campagne.

Lucifer. — Je les chasserais plutôt moi-même.

A + B. — Auquel cas, tu pactiserais avec l'ordre, purement humain, que nous voulons établir au nom de l'amour, du travail et de la science.

—

— L'ordre !

— Jamais, jamais, s'écria Lucifer, en sortant tout exaspéré ; jamais de pacte avec un ordre, soit divin, soit humain.

— Si, si ; l'un ou l'autre forcément, répartit le docte A + B, si... Mais où diable est-il passé ? Oh ! le satané révolutionnaire ! Courons, courons ; car positivement il s'en rendra malade.

Malade... qui ? Courir... où ? Fis-je, à mon tour ; et, me précipitant, tête baissée, sur ma porte par trop bien close, je ne m'éveillai que pour perdre connaissance.

CINQUIÈME NUIT.

—

Malgré mon affreuse torgnolle et quelques battements aux tempes, après avoir feuilleté le vieux *Moniteur* une grande partie de la journée ; j'ai encore eu le courage, hier soir, d'affronter mes bouquins religieux.

Mais, je vous l'avouerai franchement, si le rêve que j'ai fait cette nuit m'avait rapporté quoi que ce soit d'incommode ; j'aurais, dès aujourd'hui même, en dépit de mon vœu formel, envoyé à tous les diables mes quatre lectures pieuses et mon quadruple effort de vertu.

Comme heureusement (pour moi, sinon pour vous) rien de fâcheux ne m'est arrivé : je puis vous envoyer encore un dialogue de mes deux visiteurs nocturnes.

—

Lucifer. — Allons, cher A + B, vite et vite (car l'impatience me ronge) parlons du peuple et de la femme... du fort et du faible... de l'irrésistible, que si facilement on mâte, et de la toute fragilité qui, tout au contraire...

A + B. — ... Si facilement vous subjugue.

Lucifer. — Qu'as-tu de neuf à m'apprendre de l'une et de l'autre ?

A + B. — Des choses bien vieilles et bien bonnes qui, probablement, ne te plairont guère.

Lucifer. — Quelque grande vérité, aussi positive que positiviste. *Les femmes sont faites... pour faire des enfants ; et les peuples, des révolutions.*

A + B. — Pas tout à fait, messire Lucifer, les peuples sont faits pour emparadiser la terre...

Lucifer. — ... Et les femmes pour angéliser notre espèce. L'un ne va pas sans l'autre ; n'est-il pas vrai ?

A + B. — Précisément.

Lucifer. — Ah ! mon cher A + B, toujours de grands mots !

A + B. — Non, mais toujours de grandes choses.

Car ; de la terre, primitivement sauvage, qui a fait l'humus civilisé ? Si ce n'est la sueur du peuple, d'abord ; et son cadavre, ensuite ! Et ; de moins qu'une bête, qui sait faire un enfant d'abord ; et de cet enfant, un homme ensuite ; et de cet homme, un ange enfin ? Si ce n'est la femme usant, à cette triple tâche, ce qu'elle a de plus pur au sang et de plus chaste au cœur.

Heureuse quand elle n'y perd pas l'existence.

Lucifer. — Amen et ainsi soit-il.

Tu enfanteras dans la douleur (Genèse, chapitre trois, verset 16)... et tu mangeras ton pain à la sueur de ton front (Genèse encore, chapitre trois aussi, et verset 19).

Ainsi donc, sentimental et bucolique A + B, te voilà renageant en plein mysticisme juif.

A + B. — Non; mais en pleine vérité physiologico-historique.

Lucifer. — Ce qui veut dire que tout votre système consiste à perfectionner la terre, par le sexe fort; et le sexe fort, par... son faible.

A + B. — On peut tout ridiculiser en jouant sur les mots; et...

Lucifer. — Tu te fâches!... Eh bien! soit.

Laissons de côté ces considérations... par trop anatomiques, à l'encontre de tes êtres angélipares ou angéliformes : et ne parlons plus que de ton bon, de ton excellent ami Populo, qui si bien travaille et fume son globe sublunaire; en assommant continuellement les républiques, avec les monarchies, et les monarchies, avec les républiques : afin de continuellement ajouter (pro humo) les cadavres des exterminations civiles aux massacrés des guerres internationales.

A + B. — Le dernier des bourgeois d'aujourd'hui ne parlerait pas d'une façon plus odieuse.

Lucifer. — « Le dernier des bourgeois d'aujourd'hui » fi donc. Le premier des empereurs du siècle, tu veux dire : car le tout glorieux, tout puissant et tout souverain maître... le premier élu... de ton tout glorieux et tout puissant premier peuple souverain... ne pensa jamais autre chose ; et, qui pis est, n'employa jamais autrement son omnipotent électeur, qu'il a (soit dit entre nous) si souverainement fait battre et battu.

Vive Dieu...

A + B. — ... Le voilà parti. Au grand galop, dame tirade...

Lucifer. — ... La belle chose que le suffrage universel.

Comme, dès qu'il s'agit de vous produire un homme, cette égalitaire et démocratique invention surpasse, de mille et mille coudées, la hiérarchique et toute nobiliaire conception de l'hérédité !

Comme, cent fois plus vite et cent fois mieux que la divine sagesse, la perspicacité d'un peuple vous flaire un replâtreur de monarchie universelle !

Comme, en lui prêtant main-forte en ses universels combats, elle vous le grandit cent fois plus vite et cent fois mieux que le terrible dieu des batailles !

Et surtout, surtout ! Comme, cent fois plus vite et cent fois mieux que les divins canons, elle vous l'apothéose, après ses universelles défaites !

Oh ! très-spirituels démagogues, que vous êtes bien septante fois sept fois sages, en criant à tue-tête « *vox populi, vox Dei* : » et que vous êtes, surtout, septante fois sept fois reconnaissants ; en n'oubliant point d'accoler la grâce de Dieu à la volonté nationale, aussitôt les vôtes comptés.

A + B. — Qui veux-tu persiffler ici, avec ta si longue et si étrange boutade ?

Lucifer. — Moi... personne. Je constate un fait, comme Galilée : « La terre tourne et l'humanité fait comme elle. »

Du gouvernement des rétrogrades, elle passe à celui des progressistes ; grâce aux enthousiastes : et du gouvernement des progressistes, elle repasse à celui des rétrogrades ; grâce aux ..... sceptiques.

A + B. — Qu'est-ce que cela prouve ? Que l'humanité, le public, ou mieux encore, le

peuple (car c'est de lui qu'il s'agit) change
plus facilement d'idées que d'habitudes; et
que, praticien par nature, il aime mieux, en
temps de transition, suivre celui qui agit qu'at-
tendre celui qui cherche.

Lucifer. — Mirabeau et Danton cherchaient-
ils donc ?

A + B. — Et le peuple ne les suivit-ils pas;
l'un, jusqu'au Panthéon, et l'autre, jusqu'à la
frontière. Pouvaient-ils aller au delà?

Lucifer. — Apparemment; puisqu'il les re-
suivit ensuite; l'un, jusqu'au bord de l'égout,
et l'autre, jusque sous le couperet.

Vas, mon pauvre A + B, quand on a vu
Athènes exiler Thémistocle, Rome pleurer
Néron, et ton bon ami se vouer corps et âme
à un matador scapin qui, toute sa vie, mentit
plus qu'un diplomate romain, et fit tuer plus
qu'un bandit corse; qui toute sa vie ne vit que
lui au monde; qui, toute sa vie, sur de simples
caprices, érigés par lui seul en raisons d'état,
violenta mère et sœurs, frères et amis, enfants
et femmes, adultes et vieillards, papes, rois et
nations, unions domestiques et liens sociaux,
institutions politiques et dogmes religieux; qui,
toute sa vie, enfin, méprisa tant ton adorable
humanité qu'il n'estima ses femelles qu'au nombre des mâles, qu'elles pouvaient faire, et ses
mâles qu'au nombre de ceux qu'ils pouvaient

tuer..... quand on a vu, dis-je, la France presqu'entière troquer ses glorieuses guenilles républicaines contre un manteau impérialement cramoisi du sang de toute l'Europe : on ne peut que penser une chose « le peuple est, fut et sera toujours aussi ingrat qu'aveugle.»

A + B. — Allons donc ! Une nation, pas plus qu'une femme, ne saurait demeurer toute nue : et quand (de son propre fait, mais plus encore du fait des autres) ses vêtements neufs craquent de toutes parts ; elle s'engoue, et c'est pudeur, pour qui la recouvre... même de vieilles défroques.

Lucifer. — Quel satané jargon parles-tu maintenant? mon pauvre A + B !

A + B. — Les lois que se donne un pays. ne sont-elles pas ce qui le distingue des autres ?

Lucifer. — Oui, en partie... Après?

A + B. — Donc elles ne sont autre chose que son véritable costume.

Lucifer. — Eh bien !... Ensuite?

A + B. — Comment, ensuite? Puisqu'une société, quelque peu civilisée, ne saurait se passer de code (pas plus qu'une femme, quelque peu honnête, de vêtements) : tout peuple qui répudie une vieille législation (sans pouvoir en formuler une nouvelle, à peu près praticable) retourne fatalement, un peu plus tôt ou bien plus tard, à son vieux régime.

Lucifer. — Et voilà comme quoi ton ami Populo se trouve justifié de son fétichisme bysantino-impérialiste. En vérité! mieux eût valu conclure; c'est pour cela que votre fille est muette.

A + B. — Tu n'as pas compris un seul mot de ce que je viens de te dire.

Lucifer. — Alors. expliquez-vous plus clairement, Monsieur du positivisme.

A + B. — Très-volontiers, Messire de l'aristocratique impatience; à la condition toutefois que vous m'interromprez le moins possible.

Lucifer. — Soit!

A + B. — En 1789, les classes industrielles et libérales étaient devenues si riches, si instruites, si puissantes..., bref, avaient tant grandi; que les règlements de leurs vieux tuteurs théocratiques et militaires ne faisaient plus que les gêner.

Lucifer. — ... Si bien qu'elles proposèrent, on ne peut plus naturellement, à Messeigneurs de la noblesse et du clergé, de modifier quelque peu les vieux cadres sociaux qu'ils leur avaient fabriqués.

A + B. — Précisément. Ce que tout net ils refusèrent.

Lucifer. — Alors commença la bataille...

A + B. — Précisement encore!... à la tribune et dans les rues. Elle dura peu ; et rendit libres de s'organiser à leur guise...

Lucifer. — ... Messieurs du peuple et de la bourgeoisie... (Au 10 août 1792). J'aime la précision !)

A + B. — Non, un peu plus tard, après janvier 1793.

Lucifer. — De s'organiser à leur guise... voulant dire ?

A + B. — Sans Dieu ni roi, par la république et l'humanité...

Lucifer. — ... En se battant et rebattant à la tribune et dans les rues...

A + B. — ... Plus en France et sur les frontières ; car toute l'Europe s'en mêla.

Lucifer. — Ce qui fait que la république, abandonnant l'humanité...

A + B. — ... Non pas elle ; mais ses travaux tout pacifiques... prit pour devise : « vaincre ou mourir » ; et fit appel à ses plus énergiques, ses plus capables et ses plus dévoués enfants.

Lucifer. — D'où tu conclus ?

A + B. — Que c'est l'inique intervention étrangère qui lança nos pères dans la voie du militarisme.

Lucifer. — Eh bien ! après ?

A + B. — Après, c'est-à-dire une fois sur la pente fatale ; on se prit, tout naturellement, à considérer toute réorganisation belligérante comme un progrès social ; tout général habile comme un grand citoyen ; et, chose cent et mille fois plus funeste... (malgré les si belles, si bonnes et si sages protestations du généreux Danton)... toute conquête comme un pas vers la liberté.

Si bien que ne songeant plus à s'organiser par l'industrie et le libéralisme ; puis qu'on manquait de doctrine...

Lucifer. — ... Sociocratique (je n'ai point oublié le mot)...

A + B. — ... On suivit...

Lucifer. — ... Tout naturellement, encore, les vains errements de la gloire jusqu'à Baylen, Moscou, Leipsic et Waterloo.

A + B. — Non ! pas si vite, ami..., jusqu'à restauration archicomplète du régime de l'absolutisme moral et matériel, sénatorialement et législativement fardé.

Lucifer. — Ce qui fait que messire Populo et son très-cher premier élu se trouvent, l'un et l'autre, on ne peut plus positivement justifiés.

Singulière façon d'écrire l'histoire en vérité.

A + B. — En quoi donc est-elle si mauvaise ?

Parce que j'explique un fait, tu te figures que je l'approuve.

Vas, mon cher Lucifer, quoi qu'on dise et quoi qu'on fasse, on ne peut être gouverné que par des principes ou par des personnalités. Donc, toutes les fois que ceux-là font défaut, fatalement celles-ci se produisent.

Lucifer. — Conclusion : Vous croirez à un système ; où vous aurez pour chefs des roués qui ne croiront à rien...

A + B. — ... Qu'à eux-mêmes : et c'est tout ce qu'il leur faut pour agir.

Lucifer. — Quelle belle perspective ! Les caprices d'un individu ; ou les fluctuations de la foule. Car enfin, il n'est pas de régime politique ou religieux, que le public n'ait repoussé d'abord ; acclamé ensuite ; et répudié après.

A + B. — Pouvait-il et pourra-t-il en être jamais autrement ; tant qu'on prendra pour base, autre chose que la science de l'homme et celle du monde ?

Lucifer. — Ce qui veut dire que pour avancer au pays du progrès ; il n'y a qu'une seule bonne et solide monture : le dada positiviste...

A + B. — ... Auquel ta pacifique humeur préfère, sans doute, le doux âne de Bethléem ou son grand père de Balaam.

Eh bien ! sempiternel contradicteur, qui lasserais la patience d'un saint, puisqu'il en est ainsi ; enfourche ta béate monture ; et, tout doucement, éloigne-toi pour ne plus revenir : puisqu'aussi bien de pareils entretiens me fatiguent et, qui pis est, me fatiguent en pure perte.

Lucifer. — En pure perte, maître A + B, en pure perte ! Eh bien ! non, et la preuve ; la voici.

Ce disant, Messire Lucifer tendit la main à maître A + B, qui la prit avec empressement et lui dit, en guise d'excuse : à demain !

— A demain ! donc ; toujours à propos du peuple, fit l'ange déchu en souriant.

— Et un tant soit peu de la bourgeoisie, répliqua le savant.

SIXIÈME NUIT.

—

J'ai eu hier, pour commencer la nuit, des bourdonnements d'oreilles, si continus, et des battements aux tempes, si impétueux, que je n'ai pu écouter mes hôtes nocturnes que vers deux heures du matin.

Voilà pourquoi je ne vous envoie qu'un fragment très-écourté de leur dialogue.

—

A + B. — ... Donc, l'homme primitif...

LUCIFER. — ... Qui ? Adam !

A + B. — Non ; l'homme qui ne sait et ne produit rien encore ; l'homme qui vague tout nu, depuis le matin jusqu'au soir, pour ne manger que ce qu'il rencontre ; le nègre du désert central de l'Afrique où de l'Australie ; l'homme enfin, qui en est encore au *nec plus ultra* de la sauvagerie, ne dépend absolument

que de son milieu et de ses plus grossiers instincts.

Lucifer. — Passons le déluge !

A + B. — Le civilisé au maximum fait juste
le contraire. Sédentaire, autant que possible,
il apprend et produit toujours; afin de maî-
triser, de plus en plus, et le monde et sa bête,
par ses facultés les plus hautes, ses qualités
les plus solides et ses penchants les plus généreux.

Lucifer. — D'où tu conclus...

A + B. — ... Que travailler à s'améliorer,
en améliorant tout ce qui est philanthrope
ici-bas, semble être, ou mieux, est effectivement la vraie mission, le vrai devoir de
l'homme.

Lucifer. — Ce qui pose en principe que le
souverain créateur nous à manqué ainsi que
la terre et tout ce qu'elle renferme de meilleur... Jugez du reste !

A + B. — Admets-tu cela ?

Lucifer. — Plaudo ac probo.

A + B. — Eh bien! pour améliorer; que
faut-il ? Concevoir ce qui est autrement et
mieux que cela n'est.

Lucifer. — Évidemment.

A + B. — Donc, il faut être capable d'ima-
giner aux phénomènes et aux choses de nouveaux rapports et de nouvelles propriétés...

Lucifer. — ... Aïe !

A + B. — En d'autres termes, pouvoir abstraire.

Lucifer. — Aïe, aïe !

A + B. — Par conséquent, l'inventeur, l'innovateur, le novateur, le théoricien (peu importe son genre) est un être qui volontiers sort du réel ; un être qui, par cela même, peut rêver l'impossible pour peu qu'il aille trop loin.

Lucifer. — Le triomphe du positivisme, par exemple.

A + B. — Qui te parle de positivisme ?

Les découvertes les plus belles et les inventions les plus utiles ont-elles jamais (oui ou non ?) valu mieux que des injures ou des persécutions à leurs auteurs.

Lucifer. — D'accord ; mais quest-ce que tout cela signifie... et où veux-tu en venir ?

A + B. — Penses-tu que je me trompe ?

Lucifer. — Et, comment le croirais-je ?

Théoriquement, n'est-ce pas en haine de moi et pour l'amour de Dieu que, *pratiquement*, on a si longtemps martyrisé ceux dont tu parles.

A + B. — Donc, jusqu'à présent, je ne divague pas. Continuons.

Inventer, est bel et beau ! Mais réaliser est utile et bon. Par conséquent, c'est toujours là qu'on doit en arriver.

Lucifer. — Soit.

A + B. —Or, qu'est-ce que réaliser ? sinon transformer ce qui est en ce qui doit être : sinon vaincre par des forces, de provenance humaine, les forces inhérentes à la matière : sinon la gouverner.

Lucifer. — Aïe !

A + B. — Eh bien! qui sait, ou mieux, qui fait surtout métier d'opérer ces transformations? L'ouvrier; rien que l'ouvrier! L'homme qui use bien plus ce qu'il a dans le corps et les membres, pour gagner son pain du jour, que ce qu'il a dans la tête. Celui qui (n'ayant eu ni le temps, ni l'argent qu'il faut, pour se mettre dans la cervelle des matériaux intellectuels; et apprendre à les combiner) s'est tout bonnement habitué à manœuvrer ceux matériels qu'on voudra bien lui confier.

Lucifer. — Ah, ah! Docte A + B. Ni le temps, ni l'argent! Pourquoi ne pas dire aussi ni les capacités nécessaires ?

A + B. — Parce qu'en notre plein régime d'infatuation intellectuelle où, si bêtement, on prise l'esprit beaucoup plus que le cœur et le caractère...

Lucifer. — ... Messire Populo ne veut pas qu'on lui reproche son ignorance...

A + B. — ... Grammaticale : et il a bien raison.

Fi des pédants qui ne savent que parler.

Lucifer. — Tu préfères les hommes d'action? Eh bien! moi aussi. Continue.

A + B. — Que le peuple ignore le grec et le latin, la réthorique, la philosophie et l'histoire officielle surtout... qu'il méconnaisse en outre la statistique, l'économie (politique ou non) et autres logomachies qui servent si bien à le blaguer : c'est chose incontestable. Mais qu'en fait de sciences, mortes ou vivantes, qu'en fait de choses bien réelles et bien utiles ; il soit de beaucoup inférieur à ses chefs : c'est ce que je nie.

Lucifer. — Allons donc ; tu vises au paradoxe.

A + B. — C'est la réponse de tous les bourgeois. Mais comme nier et prouver sont deux ; je continuerai à penser, quoi que tu dises, qu'en fait de science...

Lucifer. — ... Positive...

A + B. — ... Oui positive ; le peuple est plus riche qu'il ne faut pour faire face à sa fonction sociale de chaque jour...

Lucifer. — ... Tandis que le bourgeois...

A + B.... — Est trop ignorant (et trop ignorant de beaucoup) pour suffire à la sienne : puisqu'il ne sait même pas *qu'en toute affaire industrielle, une fois les frais généraux mis à part et la vie de chacun assurée, les bénéfices*

*doivent se répartir par tiers égaux entre l'en-
semble des inventeurs, l'ensemble des adminis-
trateurs et l'ensemble des ouvriers.*

LUCIFER. — Amen! et ainsi soit-il !

Mais mon cher A + B, c'est à vous faire
tomber du ciel. Où diable as-tu péché ces
idées-là ?

A + B. — Celles du salaire ?

LUCIFER. — Non, je ne vois que trop d'où
elles viennent. Celles du savoir ?

A + B. — En causant avec des ouvriers ou
des fabricants ; et discutant avec des négociants ou des banquiers. Je dis : en discutant ;
parce que leur excessive...

LUCIFER. — ... Ignorance...

A + B. — ... Non, animosité...

LUCIFER. — ... A l'encontre des songes creux ;
car c'est ainsi qu'ils nomment ceux qui sont,
comme toi, plus au ciel que sur la terre, plus
dans l'avenir ou le passé que dans le présent ;
plus dans leur subjectif humanitaire que dans
l'objectif humain...

A + B. — ... Parce que leur excessive animosité, dis-je, fait qu'ils se mettent à les ba-
fouer avant même de les entendre.

LUCIFER. — ... Pauvre cher A + B !

Dire que les gens, *les plus positifs du monde,*
sont précisément ceux qui exécrent le plus les
positivistes.

Décidément, il faut les pendre.

A + B. — Les pendre! Pourquoi?

Lucifer. — Comment pourquoi? Mais parce qu'ils ne sont absolument bons à rien.

A + B. — Qui a dit cela?

Lucifer. — Toi-même. « Ils sont de beaucoup inférieurs au peuple, pour ce qui est de leur office social. » Reconnais-tu ton style.

A + B. — Parfaitement.

Lucifer. — Donc on peut s'en passer.

A + B. — Nullement.

Lucifer. — Alors je n'y comprends plus rien!

A + B. — Veux-tu me permettre de recommencer?

Lucifer. — Oh! non, non; continue.

A + B. — Soit.

Donc, ainsi que je viens de te le montrer; notre monde industriel et libéral a, pour termes sociaux extrêmes, le théoricien que l'excès d'abstraction peut conduire à...

Lucifer. — ... Charenton...

A + B. — ... Et l'ouvrier, que le défaut contraire (l'abus d'une occupation trop exclusivement matérielle) peut mener à l'abrutissement; voire même à la brutalité.

Lucifer. — Docte A + B, messire Populo, depuis qu'il s'est fait souverain, est devenu aristocrate en diable et ne tolère plus les gros mots.

A + B. — Fort bien !... Mais comme pour guérir un mal et surtout le prévenir, il faut d'abord se l'avouer.

Lucifer. — Se l'avouer ; soit. Mais pas l'avouer aux autres.

A + B. — L'observation est bonne. J'en profiterai. Où en étais-je ?

Ah ! les théoriciens, en abusant de leur tête, et les ouvriers, de leurs bras, peuvent également nuire au corps social. Donc, il faut leur donner, pour directeurs ou chefs, les hommes les plus experts à gouverner leurs semblables ; ceux qui s'inquiètent plus des faits et gestes des autres que des idées ou des choses ; ceux qui sont plus attentifs au présent qu'à l'avenir ou au passé ; ceux enfin qui sentent fort bien qu'ils ne sont pas plus âmes, sans corps, que corps, sans âmes : et qui, le sentant fort bien, travaillent incessamment à faire converger, vers le point de vue du réel et de l'utile, ce que savent découvrir ceux-ci et réaliser ceux-là.

Lucifer. — Et ces êtres si indispensables, si dans le vrai, sont ?

A + B. — ... Les industriels et les commerçants, plus les négociants et les banquiers !

Lucifer. — Autrement dit les bourgeois...

A + B. — ... Qu'il faut se contenter de nommer praticiens ; en attendant qu'ils méritent et obtiennent le titre de patriciens.

Lucifer.—C'est-à-dire, pères de la *patrie!*...
vu leur *patriotisme* probablement?... Enfin !

Ainsi, dans votre organisation sociocratico-
positiviste (que le bon Dieu vous bénisse, vous
et vos mots positivement inarticulables)...
Dans votre organisation sociocratico-positi-
viste du monde industriel et libéral, MM. les
praticiens sont, entre les ouvriers et les théoriciens, comme, dans l'arbre, le tronc, entre
les racines et les branches.

A + B. — ... Non (car ce n'est point assez
clair) ; comme dans l'organisme, les membres
entre les entrailles et la tête : ou bien ; comme
dans notre cervelle, notre ministère animalo-
cérébrelleux entre ses deux collègues, cortico-
cérébro-mental et végétativo-circum-ventri-
culaire.

Lucifer. — ... Ah! tu trouves cela mieux, et
surtout plus clair! Eh bien! explique-toi maintenant ; car je n'y comprends plus rien.

A + B. — Puisqu'en ce monde, les alouettes
ne nous tombent pas toutes rôties dans la
bouche ; les mouvements que nos jambes et
nos pieds, nos bras et nos mains exécutent
(pour atteindre, prendre, préparer et porter à
nos lèvres un aliment quelconque) sont forcément placés entre les combinaisons mentales que fait notre cervelle (pour trouver ces
susdits aliments) et les opérations végétatives

qu'exécutent nos entrailles, pour les convertir en sang.

Or, notre moelle épinière commandant les mouvements de nos membres, comme notre grand sympathique surveille les opérations végétatives...

LUCIFER. — ... Assez, assez de science ! beaucoup trop même. Je comprends... je comprends ! Vois plutôt.

Vous prétendez, messieurs du positivisme, que le bourgeois praticien, l'entrepreneur (en style vulgaire) devra politiquement gouverner ; quand nous serons enfin en pleine civilisation libérale, industrielle et pacifique : parce que, de sa nature, il sera le seul être humain, *vraiment humain*, apte à marier, dans un même produit social, les spéculations mentales du chercheur théoricien aux efforts musculaires du réalisateur ouvrier... parce que, de sa nature, il (toujours ce même bourgeois praticien) sera le seul juge capable de régulariser les aspirations de l'avenir avec les pratiques du passé, les rêves de l'abstrait avec les exigences du concret, et cœtera, et cœtera..., de façon qu'il en résulte pour lui, juge temporel, et pour ses deux plaideurs... une juste part de pain quotidien.

Vous prétendez, dis-je, que tel sera le bourgeois praticien et non patricien ; le bourgeois

qui ne mérite pas encore le titre que don-
naient jadis, à leurs chefs temporels, vos prédécesseurs en civilisation : les aristocrates,
qui vous ont, si longtemps et si souvent battus
et rebattus, prêchés et reprêchés ; pour vous
habituer à aimer et honorer le travail, qu'ils
aiment et honorent si peu : les aristocrates
dont vous combattez encore les derniers dé-
bris, ou mieux les imitateurs, pour ne point
dire, les singes : les aristocrates, enfin, qu'en
votre superbe langage de ci-devant serfs af-
franchis (très-reconnaissants) vous traitez d'esclaves de *Dieu*, des *rois* et de la *guerre*.

A + B. — Effectivement, c'est là ce que
nous prétendons.

Lucifer. — Eh bien ! messieurs du positivisme, j'ignore ce que vous réserve l'avenir ;
mais, pour ce qui est du présent, en nommant
praticiens ceux que j'aurais tout bêtement ap-
pelés riches (et non, comme vous dites si
faussement, je ne sais où, détenteurs privés du
capital public... dont ils ne se privent guères)...
en traitant, dis-je, de praticiens ceux qui forment votre élément social intermédiaire ; vous
ne vous trompez certainement pas : vu que
l'idéal n'est pas leur fort.

Mais, en les qualifiant de seuls êtres *humains*,
vraiment humains, vous vous fourrez (permettez-moi de vous le dire) le doigt dans l'œil

deux fois pour une, et jusqu'au coude ; sinon jusqu'à l'épaule. Et ce ! parce qu'avant tout ces soi-disant très-conciliants et fort désintéressés bourgeois ne veulent absolument qu'une chose : exploiter, *à leur profit exclusif,* les forces matérielles et morales des ouvriers et des théoriciens ; en les maintenant, à cet effet, en désunion permanente.

A + B. — Erreur, mon cher Lucifer, erreur ! Non totale, mais partielle ; vu que leur perfidie n'est pas, à beaucoup près, systématique... autant que tu veux bien le dire.

Lucifer. — Autant !... Mais aveugle, sourd et têtu d'A. + B. ; à commencer par toi, qu'ils ne connaissent pourtant pas : ces beaux messieurs de la bourgeoisie industrielle, commerciale et financière vous abominent tous tant que vous êtes, malheureux théoriciens.

A + B. — ... Pour la plupart et quant à présent ; oui. Mais pas tous, ni pour toujours.

Lucifer. — Tous et pour toujours !

A + B. — Non ! Car il y a et il y eut des exceptions honorables.

Vas, mon cher Lucifer, de par expérience personnelle (trop personnelle, hélas !) je connais fort bien les haines et les... infamies, dont sont capables les riches, même envers leurs parents ; quand ils se mettent à craindre ceux qu'ils devraient temporellement protéger, ceux

que la faiblesse de leurs bras, celle de leur
tête ou, mieux encore, leurs trop belles illu-
sions jettent fatalement dans les classes pauvres de leur génération.

Mais, parce que le bourgeois praticien n'a
pas encore, *intellectuellement* et *sentimentalement* surtout, une idée assez noble de sa mission sociale : ne crois pas que, *matériellement*
il n'ait déjà conquis sa vraie place en ce
monde ; et qu'il ne soit, matériellement aussi
déjà, maître de bien ou mal faire, s'il veut.

Lucifer. — Mal oui, bien non. Jamais, jamais, au grand jamais !

Quand on à (par trois fois, en moins de trois
quarts de siècle) livré aux soldats et aux
prêtres, aux cagots (temporels ou spirituels)
du dieu terrible des batailles, les penseurs et
les ouvriers du monde industriel et libéral,
puisque monde industriel et libéral il y a !
quand on a (par trois fois, en moins de trois
quarts de siècle) remis les entrailles et les têtes
de trois naissantes républiques humanitaires et
pacifiques, aux mains des populaço - replà-
treurs de monarchies agatho-philes et papo-
maniaques : on est taré ; trois fois taré, taré
pour toujours !

A + B. — Non, mille fois non ; car à l'impossible nul n'est tenu !...

Lucifer. — ... Ah ! messieurs du positivisme ;

vous rêvez pour vos bourgeois de demain le titre de praticien, et, qui plus est, de patricien patriote! Eh bien! commencez par laver leurs pères, les bourgeois d'aujourd'hui, des journées de juin 48 : commencez par laver leurs grands pères, les bourgeois de la veille, de celles du même mois 32 : et commencez, surtout, par laver leurs grands grands'pères de celle de brumaire an **VIII**.

A ✛ B. — Du 18 brumaire ! C'est fait. Mais, du 5 avril 94; c'est à faire.

Lucifer. — Du 5 avril 94!... Pourquoi?

A ✛ B. — Parce que ce jour-là mourut Danton, le premier républicain de la première république.

Lucifer. — Danton... Danton ! Soit. Mais justifiez.

A ✛ B. — Rien de plus facile et de plus simple; car... rien de plus naturel !

Lucifer. — De plus naturel!... Vous l'entendez ? bonté divine !... Vous l'entendez ? Jésus Maria!... Non jamais homme n'a blasphémé... Non jamais homme ne blasphémera comme cet inexorable « deux et deux font quatre » comme cet imperturbable A ✛ B.

Et j'irais, moi qui ai combattu l'absolutisme divin, avant même que la terre fût terre, moi qui ai châtié le premier homme que la grâce capricieuse du ciel osa préférer à son frère...

j'irais livrer mes chers enfants, mes glorieux travailleurs, mes beaux révolutionnaires de tout temps et de tous lieux, à l'impitoyable despotisme de cet algébriqueur de toute existence publique ou privée, au glacial couperet scientifique de ce mesurateur de passion ou de génie humain ! Non ! jamais, au grand jamais, je n'aiderai la science à gouverner les hommes !

A + B. — Mais où vois-tu, fougueux Lucifer ; où vis-tu jamais que nous ayons songé, une seconde, à remplacer les battements du cœur par les invariables oscillations d'un pendule, nous qui venons dire, aux béats rêveurs, enivrés d'incompréhensible surhumain : quittez votre dolce far niente divin ; et venez, avec nous, boire à la coupe des (très-anxieuses mais toutes puissantes) émotions des travailleurs perfectionnant, sinon refaisant tout ici-bas.

Lucifer. — ... Ici-bas !... n'y a-t-il donc que la terre et l'homme dans l'univers ?

A + B. — Ah ! la bonne charge ! crois-tu donc, mon pauvre Lucifer, que nous voulons monter, avec Messieurs les métaphysiciens, patauger dans la lune, le soleil ou les étoiles.

Non ! mon ami ; non ! Beaucoup plus sages et beaucoup plus modestes que ces prétendus philosophes ; nous ne confondons point le dévergondage de l'imagination avec le génie, la fiévreuse et stérile folie du cœur, avec l'amour pur et fécond, l'introuvable infini du pédant bouffi d'orgueil avec l'accessible (presque saisissable déjà) du savant consciencieux. Non, mille fois non! car, tout bonnement, nous nous sentons hommes; et, tout bonnement, nous limitons notre ambition à vivre temporairement pour l'humanité: afin de revivre, une fois morts, exclusivement par elle, et seulement autant qu'elle.

Lucifer. — Comme Philémon et Baucis : ou mieux encore, le Christ et son Eglise.

A + B. — Sur ce, bonjour! Pour la seconde fois, je te le dis, de pareils entretiens me fatiguent; et pour la seconde fois, je désire ne point les continuer.

Lucifer. — Non pas, non pas, Messire A + B! C'est vous qui m'avez dit, hier; à demain! c'est donc sur votre invitation, rien que sur votre invitation, que je suis venu ferrailler ici philosophie, politique et religion.

Donc; si j'ai repris goût à ces sortes de passes-d'armes; si j'ai retrouvé mon sérieux; si, de nouveau, je m'intéresse au sort de ceux que l'on gouverne... et qui, *surtout*, se gouvernent si drôlement! c'est vous seul qui en êtes cause, et vous seul qui, par conséquent, en devez souffrir tout d'abord.

Donc, à demain, huit heures précises, un nouveau duel septico-positiviste.

A + B. — Avec armes courtoises?

LUCIFER. — Oui.

A + B. — Sans ironie, sans injures, sans ruse d'aucune sorte, ni interruptions trop fréquentes?

LUCIFER. — Oui, encore.

A + B. — Eh bien! soit!

(Oh! faible... trop faible... et peut-être aussi trop vaniteux A + B que je suis!)

———

Post-Scriptum.—Cher et bon docteur, rien que pour vous avoir barbouillé ces quelques lignes, la tête me bat... à croire qu'elle va sauter. Certainement, j'aurai un abcès! que dois-je faire pour l'éviter?

SEPTIÈME NUIT.

—

Grâce à vos sinapismes, à votre bouillon de poulet fort léger, à vos septante-cinq grammes de citrate de magnésie et à l'absence totale de lecture, quelque peu sérieuse ; j'ai passé hier une journée, presque parfaite.

C'est donc tout enchanté de moi et tout préoccupé de rejoindre messire Lucifer et son docte ami, qu'après avoir bâclé mes quatre lectures pieuses, je me suis, à sept heures du soir, glissé entre mes deux draps.

Cet empressement, aussi entaché de curiosité que d'irréligion, m'a fort mal réussi : car une fois emmitouflé entre bonnet de coton, couverture et traversin ; je me suis, crainte de rêver autre chose que peuple et bourgeoisie, mis à tant surveiller ma pauvre cervelle, et tant m'empêcher de dormir ! que je n'obtins, de longtemps, que la moitié de mon rêve, c'est-à-dire... A + B tout seul.

Méthodiquement, il entra ; s'assit dans mon grand fauteuil ; allongea les jambes ; croisa ses pieds l'un sur l'autre ; s'appuya, des coudes, sur les bras de mon siége ; et (faisant de temps à autre, claquer l'ongle de son pouce droit contre celui de son index) attendit, en pensant à je ne sais quoi.

Au bout d'une heure ; il pencha légèrement la tête ; tira sa montre ; la porta vers son œil gauche, jusquà le toucher presque (d'où je conclus qu'il était affreusement myope, et, qui pis est, peut-être borgne) eut une convulsion nerveuse du coin de la bouche ; et se remit, comme auparavant, à repenser à... je ne resais quoi.

Au bout d'une autre heure, même manœuvre... Une heure après, enfin, pour ne pas dormir, promenade, gymnastique et monologue... (dont j'attrapai ce qui suit).

« ... Parce que les hommes sont, *maintenant*
» *encore*, plus égoïstes, plus médiocres et plus
» paresseux que sociables, intelligents et tra-
» vailleurs ; ils préfèrent (presque... sinon
» tous) le passé, ou mieux, le présent qu'ils
» connaissent, tant bien que mal, à l'avenir
» auquel ils trouvent... et dont surtout ils re-
» doutent !... trop d'inconnus.

» Donc, il faut poser en principe qu'en

» France, comme ailleurs, la presque totalité
» des citoyens, autrement dit, le public est,
» *maintenant encore*, plus qu'indifférent aux
» querelles des progressistes et des rétrogrades
» bien qu'au fond elles soient les siennes ; qu'il
» ne s'en mêle que lorsqu'il est enfin à bout de
» patience ; qu'il n'adopte alors les errements
» des uns ou des autres, que juste en vue des
» avantages immédiats qu'il en peut tirer ; et
» que, par conséquent, jamais il ne gardera,
» pour chefs, des novateurs trop lents à lui
» fournir des institutions, des lois et des con-
» victions (civiles, politiques et religieuses)
» capables de l'assister en ses aspirations les
» plus hautes, comme en ses besoins les plus
» humbles. »

« Par conséquent, toutes les fois que le pou-
» voir passera des rétrograndes aux progres-
» sistes ; ces derniers (sous peine d'abandon,
» plus ou moins prochain) devront doter
» presque immédiatement leurs partisans, in-
» dustriels et libéraux, de principes tempo-
» rels et spirituels meilleurs que les *compen-*
» *diums* et *codes* émanés du régime catho-
» lico-féodal... »

« (Asseyons-nous, car je n'en puis plus...
» ... Ah faible... trop faible... et, certainement
» aussi, trop vaniteux A + B... que je suis !). »

Ce disant, il s'endormit; et, dormant, il poursuivit :

« Eh bien! ces institutions, ces lois, ces con-
» victions..., ces principes temporels et spi-
» rituels..., meilleurs que ceux des *compen-*
» *diums* et *codes* émanés du régime catholico-
» féodal..., auxquels ils ne croient plus...
» qu'ils détestent même!... mais auxquels
» (pour notre plus grand malheur) ils se sont
» réhabitués!... Comment à eux (si souvent
» trompés et, partant, si légitimement mé-
» fiants!) comment, dis-je, comment les leur
» faire accepter?... Par la prédication!... Ils
» ne veulent plus qu'une logique... celle des
» événements!... Eh bien! qu'a-t-elle fait, la
» brutale! et, seule, que peut-elle faire? »

« Elle sonne, au cadran de l'histoire, le
» 5 mai 1789 : et voilà que les états généraux
» s'ouvrent!
» Elle sonne le 17 juin 89 encore: et voilà
» que le tiers État se fait Assemblée nationale!
» Elle sonne enfin, le 14 juillet, toujours 89;
» et voilà que le peuple prend la Bastille. »

« Ainsi deux mois lui suffisent pour mettre,
» sur la scène politique, les deux éléments du
» monde industriel et libéral, les bourgeois et

» les prolétaires ; deux mois ! pour commencer
» la révolution. »

  . « Les limites si nettes, qui de temps sécu-
» laire, séparaient la nation française en trois
» classes (clergé, noblesse et roture), disparais-
» sent alors ; et les deux grands partis qui
» maintenant encore nous divisent (celui du
» passé, à son déclin, et celui de l'avenir, à
» son aurore) se forment immédiatement... »

  » Oh ! logique inexorable des événements !
» Pourquoi ranger ainsi, d'un côté, le roi, les
» nobles et les soldats, les hauts dignitaires de
» l'église, les prêtres et les moines ; et de
» l'autre, les ouvriers et leurs patrons, les ar-
» tistes, les savants et les philosophes, les éco-
.» nomistes et les littérateurs ?
  » Pourquoi mettre, *ici*, les héritiers de l'in-
» vasion franque et ceux de la conquête catho-
» lique, les privilégiés de la naissance et ceux
» de la grâce, les partisans de l'autocratisme
» militaire et ceux de l'absolutisme religieux,
» les amis du roi et les dévots du pape, en deux
» mots les élus du dernier dieu inventé ou
» conçu... et de l'autre les petits-fils des vain-
» cus gallo-romains, la très-nombreuse posté-
» rité des derniers fidèles au paganisme, les
» exclus de toute direction morale ou politique,

» les êtres fatalement condamnés à ne gouver-
» ner que la matière et à se grandir séculaire-
» ment (sans assistance ni consécration sur-
» naturelle) par le travail et l'aride culture de
» la science du bien et du mal, les réprouvés
» de la dernière révélation, bref les véritables
» fils de Caïn... Pourquoi ?

» Pour qu'ils se battent, dis-tu !

» Eh bien! pour qu'on ne juge pas trop
» sévèrement leurs fautes, aussi cruelles
» qu'inévitables ; pour qu'on les puisse com-
» prendre... afin de les éviter... peut-être un
» jour ; et surtout, surtout! pour qu'on bénisse
» à jamais les mémorables et paternels travaux
» du plus jeune de ces deux camps... : laisse-
» moi dire à tous ces grands acteurs, qui au-
» raient tant besoin de se bien connaître, dans
» l'effroyable drame... où ton empirisme in-
» exorable va les plonger... ou tout au moins
» à ceux qui vont les regarder... se disputer le
» pouvoir, en notre si beau pays de France...,
» quelles sont les ressources morales et maté-
» rielles dont respectivement ils disposent?

» Non! Eh bien! si, je parlerai.

» Des serviteurs bien équipés et rompus à
» la discipline ; des commandants habiles à
» manœuvrer leurs armes spirituelles ou tem-
» porelles ; des codes, sinon parfaits, compa-
» tibles du moins avec certaines formes socia-

» les; et deux choses qui ne discutent jamais :
» le sabre du soldat et le verbe du prêtre
» (combinés de telle sorte que, depuis des
» siècles, celui-ci fait à celui-là un droit in-
» prescriptible et une obligation sacrée de
» gouverner une race de vaincus), voilà, braves
» patriotes, voilà ce qui inspire, à ces aveugles
» royalistes, une telle confiance en eux-
» mêmes... qu'il faudra .. les tuer !

» Eh bien ! quand vous l'aurez fait ; Malgré
» que vous soyez sans armes, ni chefs, ni dis-
» cipline... quand vous les aurez vaincus ; par-
» ce que vous êtes forts du nombre de tous
» ceux qui souffrent comme vous... Quand
» vous les aurez vaincus ; parce que vous êtes
» dans la fatale alternative de briser l'in-
» flexible cadre, que vous a forgé leur absolu-
» tiste régime catholico-féodal, ou de mourir
» étranglé par lui... Quand vous les aurez
» vaincus ; parce que vos théories, vierges en-
» core de tout démenti pratique, vous rem-
» plissent d'un irrésistible enthousiasme : vous
» sentirez le vide... Mais logique aussi aveugle
» qu'impitoyable ne vois-tu donc pas... que tu
» m'étrangles..., à moi !... à moi !... Lucifer !»

— A + B, mon cher A + B, fit immédiatement ce dernier, réveille-toi ! Mais réveille-toi
donc ! Au nom de l'humanité ; réveille-toi.

— Oh, merci ! dit alors le savant, comme elle me baillonnait. Et dire que je n'ai pu les prévenir !

— Qui ? répliqua le ci-devant ange.

— Ces nobles bourgeois de la Constituante, répondit A ╋ B, poursuivant en pleine veille les mêmes idées que dans son rêve. Où en étais-je ?

— A la fameuse déclaration des droits de l'homme et à la constitution de 91, fit avec empressement Lucifer, enchanté de trouver un biais pour esquiver tout reproche : et leur dialogue se continua, comme je vais dire.

———

A ╋ B. — Eh bien ! pour faire et parfaire cette double élaboration... ardue (tellement ardue, qu'en dépit de tous leurs efforts, ils ne purent qu'une chose : mourir à la tâche !) Ces nobles bourgeois si talonnés par leurs propres soldats, les ouvriers en souffrance, ces grands grand'pères, si coupables suivant toi ; qu'avaient-ils pour s'inspirer ? Trois doctrines seulement ; et toutes trois insuffisantes.

Lucifer. — Savoir ?

A ╋ B. — Celle de Voltaire, acharnée contre l'autel ; mais tolérante envers le trône :

Celle, toute contraire, de Rousseau, acharnée

contre le trône ; mais tolérante envers l'autel, ou plutôt Dieu :

Et celle des encyclopédistes (Diderot et autres) qui, sans avoir encore suffisamment philosophé...

Lucifer. — ... Positivistement...

A + B. — ... Sur les phénomènes sociaux, avait pourtant fourni des hommes d'un sens tellement droit; que les utopies du sophiste de Genève leur répugnaient autant qu'au philosophe de Ferney.

Lucifer. — Soit ! après ?

A + B. — Au début de la révolution française, alors qu'on ne songeait nullement à renverser le roi ; de ces trois philosophies, *non rivales encore*, une seule (n'est-il pas vrai ?), une seule, celle de Voltaire, était admissible ; puisque, seule, elle admettait franchement le roi ?

Lucifer. — Evidemment.

A + B. — On l'admit donc ; et, malheureusement avec elle, ce que préchait sa tout aimable raillerie : la tolérance politique.

Je dis malheureusement, parce que, sans un excès de condescendance, on n'aurait pas, au moment même où l'on rédigeait la seule profession de foi socialiste qu'ait jamais faite officiellement la France, inscrit, au nombre des prérogatives que laissait au roi l'impraticable constitution de 91, inscrit, dis-je, le trop fameux veto suspensif.

Lucifer. — Véto suspensif...

A + B. — ... Qui ne fit qu'entamer l'immense popularité du grand tribun de la bourgeoisie, le tout puissant Mirabeau; qu'épuiser ses dernières forces; et que hâter la mort du malheureux Louis XVI : puis qu'à force de se retrancher derrière ce débri d'absolutisme, il finit par tant irriter l'assemblée législative et ses adhérents, qu'enfin ils le renversèrent.

Lucifer. — Amen !

A + B. — Comment cet infortuné monarque et les siens furent défaits, et comment le parti national (exaspéré par la disette, la guerre étrangère et la guerre civile) fit payer aux ci-devant privilégiés ces trois fléaux (qu'ils n'avaient pu, voulu ou su lui épargner) sont choses que je n'ai point à raconter ici.

Je me bornerai donc à dire qu'en proclamant l'inévitable république et déchirant l'impraticable constitution de 91, les conventionnels s'interdirent, par cela même, toute réminiscense Voltairienne, dans le nouveau pacte social qu'ils durent se mettre à rédiger immédiatement.

Lucifer. — Et d'une !

A + B. — Et d'une, comme tu dis.

Donc, pour les aider à réglementer de toutes

manières leur immense armée de travailleurs,
sans ouvrage ni pain, il ne resta plus, aux chefs
industriels et libéraux d'alors (aux brasseurs
et aux bouchers, aux avocats, aux médecins,
aux artistes et financiers, savants prêtres et littérateurs que le 21 janvier 93 et ses conséquences poussèrent forcément au pouvoir) il
ne resta plus, dis-je, que deux doctrines phi-
losophiques :

Celle organisante, en apparence, et parfaitement déiste, du misanthrope Rousseau :

Et celle désorganisante, en apparence aussi,
mais parfaitement athée des philanthropes
Diderot et autres.

Eh bien! de ces deux philosophies *non
rivales encore* ; laquelle, au moment où il fallait songer plus que jamais à s'organiser ré-
publicainement, pouvait-on et devait-on
prendre?

Lucifer. — Celle évidemment qui se disait
républicaine et passait pour seule organisante.

A + B. — On la prit donc : et, parce qu'elle
était aussi contradictoire que l'avaient toujours
été les paroles et la conduite de son auteur ;
il advint, *premièrement*, qu'elle enfanta deux
partis d'autant plus acharnés l'un contre l'autre,
qu'ils s'accusaient réciproquement de fausser
la parole du maître ; et, *secondement*, il advint
encore que ces deux partis commencèrent im-

médiatement la seule vraie guerre civile, qui maintenant plus que jamais cause tous nos embarras : c'est-à-dire la lutte si aigre qui menace, à chaque instant, d'éclater entre les entrepreneurs et les ouvriers, enfin libres et même puissants politiquement... En théorie du moins ! Expliquons-nous.

« A l'état de nature, l'homme est parfait », avait dit Rousseau.

Donc, en avaient conclu ses disciples de la première variante : retournons à l'état de nature, afin d'être parfaits ; et, dès lors, parfaitement égaux, tout ce que nous déciderons, en vertu de cette parfaite égalité primordiale, sera parfait aussi.

Non, avaient rétorqué ses disciples de la deuxième variante « l'homme, à l'état de nature, est parfait. » Donc, soyons parfaits, afin de retourner à ce parfait état de nature ; et dès lors, parfaitement égaux de par notre perfection même, tout ce que nous déciderons sera parfait aussi.

Lucifer. — D'où, immédiatement deux partis aussi foncièrement égalitaires l'un que l'autre, savoir :

Celui du tout débraillé Marat, dont la tenue et les discours sauvages rappelaient si bien ton homme réellement primitif :

Et celui du tout guindé Robespierre, dont la

tenue, constamment irréprochable, et les discours, constamment alambiqués, indiquaient si bien aussi les suprêmes aspirations à la perfection suprême.

Continue.

A + B. — Comme de juste ; le peuple (habitué, dans ses luttes quotidiennes contre la matière, à couper musculairement court aux obstacles) et la Commune de Paris (qui, depuis trois ans déjà, s'était si souvent battue contre la royale soldatesque et si souvent avait coupé court aussi aux formalités administratives)... comme de juste, dis-je, le peuple et la Commune prirent fait et cause pour Marat, le niveleur, l'égalitaire d'en bas...

Lucifer. — ... Tandis que la bourgeoisie et l'assemblée, naturellement plus circonspectes, prirent fait et cause pour Robespierre, le niveleur, l'égalitaire d'en haut.

A + B. — Eh bien ! de ces deux partis, véritables frères ennemis, lequel, au moment où la violence venait d'en finir avec l'ennemi du dedans et allait en finir aussi avec celui du dehors, lequel, dis-je, devait, momentanément au moins, triompher ?

Lucifer. — Celui de la violence évidemment

ment

A + B. — Momentanément, il le fit donc.

Mais, comme il est aussi impossible à une

société civilisée de retourner à l'état sauvage qu'à un adulte de redevenir enfant; peu de temps après son triomphe, malgré le martyr de son chef et malgré même son apothéose, ce parti Maratiste succomba : en laissant la charge de tout réorganiser aux disciples de la deuxième variante de Rousseau et à ceux de Diderot.

Lucifer. — Et d'une philosophie et demie !

Nous voilà juste à moitié chemin, pour ce qui est de réhabiliter nos grands grand'pères seulement.

A + B. — Je l'ai dit et je ne saurais trop le redire ; le juge, très-intéressé, qui tient la balance entre l'avenir et le passé, entre le progrès (qu'il redoute, parce qu'il l'ignore) et l'ordre (dont il ne peut se contenter, mais enfin qu'il aime un peu, vu qu'il le connaît tant bien que mal)... le public n'accepte comme chef, en fait de novateur, que celui qu'il croit (à tort ou à raison) capable de le béquiller civilement, politiquement et religieusement jusqu'à meilleure étape sociale.

Par conséquent, les partisans des encyclopédistes, Danton en tête (malgré tout leur courage, toute leur éloquence, tous leurs talents administratifs et tous leurs services rendus) étaient vaincus à l'avance ; par cela même qu'ils ne pouvaient opposer, aux utopiques affirmations de Robespierre, que leur inépuisable dévouement et leur simple bon sens.

Le jour donc où, franchement, ils vinrent dire : « Malgré les Voltaire et les Montesquieu, » nous ne connaissons pas encore assez positivement les lois qui gouvernent l'homme et les » sociétés qu'il forme ; pour faire mieux que » louvoyer, au jour le jour, à travers toutes les » difficultés présentes ; mais soyez certains, » qu'on vous prépare un régime atroce, en » promettant l'inaccessible bonheur suprême, » au moyen de l'inaccessible suprême vertu ! » Ce jour-là, dis-je, fatalement, ils furent bafoués, et succombèrent sous les imputations (aussi calomnieuses... qu'infâmes pour les autres) de *traîtres*, de *modérés* et de *pourris*, blasphémées par ceux-là même qui les avaient vus mettre leurs bras, leur audace et leur fortune privée au service de la république et de la patrie.

LUCIFER. — Ils succombèrent !... et, pour s'organiser enfin (car, depuis le 5 mai 89 jusqu'au 5 avril 94, on n'avait pu le faire encore), il ne resta plus que la dernière moitié des trois philosophies dont tu m'as parlé.

A + B. — Alors, grâce à l'incorruptible adorateur de l'être suprême, on se mit à poursuivre avec tant d'acharnement tout ce qui n'était pas suprême vertu que le sang coula plus que jamais.

Lucifer. — Il coula tant qu'enfin tout ce qu'il y avait de plus médiocre, de plus versatile et de plus vénal dans la convention renversa, pour la plus grande satisfaction du public justement effrayé, les derniers partisans de la dernière variante de Rousseau.

Et de trois !

A + B. — Comment la convention (faute d'hommes croyant à quelque chose de plus estimable que la rouerie) aboutit au Directoire ; le Directoire au Consulat ; le Consulat à l'Empire ; et l'Empire à la plus effroyable débâcle matérielle et morale qui se puisse voir !... c'est ce que je n'ai point à raconter ici.

Je me contenterai donc de te dire, *pour leur plus grande justification*, que les bourgeois de notre première révolution, grâce à leur indépendance financière et à leur septicisme, luttèrent beaucoup plus tenacement contre la restauration de tout absolutisme, que n'avaient fait leurs ouvriers ; et qu'ils ne consentirent, même dans l'armée, à mettre leur sang et leur force, c'est-à-dire *leur argent et leurs capacités administratives* au service du pur militarisme, que longtemps, bien longtemps même, après que le peuple y avait mis, lui aussi, et son sang et sa force, c'est-à-dire *son enthousiasme et ses muscles.*

Lucifer. — Conclusion : la bourgeoisie ne vaut pas mi....

A + B. — ... Moins que le peuple ; ni le peuple moins que la bourgeoisie.

Lucifer. — Donc ils sont dignes de s'entendre.

Eh bien ! qu'ils le fassent ! s'ils le peuvent ?

A + B. — Pourquoi : s'ils le peuvent ?

Lucifer. — Parce qu'il n'y a nulle conciliation ou, pour employer un mot agréable à tes monomanies hiérarchiques, nulle discipline possible entre deux êtres collectifs, dont l'un *n'ose pas plus commander* que l'autre *ne veut obéir*.

A + B. — C'est une erreur, une très-grave erreur, et la meilleure preuve que je te puisse donner qu'ils le peuvent...

Lucifer. — ... Mais ne veulent...

A + B. — ... Faire ; la voilà !

———

Ce disant, notre philosophe, visiblement impatienté, frappa si vigoureusement sur la table, que j'en fus éveillé net.

En me levant, pour voir s'ils ne l'avait pas cassée ; j'aperçus la pancarte ci-jointe :

PROSPECTUS.

PEUPLE ET BOURGEOISIE

Journal scientifique et religieux, industriel et politique,
littéraire et artistique, et cœtera, et cœtera...

A + B. — De même qu'il n'y a pas d'homme sans entrailles, sans muscles et sans cervelle; il n'y a pas de société sans ouvriers, sans praticiens et sans théoriciens; sans gouverneurs de choses, sans gouverneurs d'hommes et sans gouverneurs d'idées; sans pouvoir matériel, sans pouvoir temporel et sans pouvoir spirituel.

Lucifer. — Fort bien, maître A + B, mais de ces trois pouvoirs (matériel, temporel et spirituel, comme il vous plaît les dénommer) lequel doit, en cette susdite société, mener les deux autres.

A + B. — Le temporel! Evidemment le temporel; puisque nous ne sommes ni des brutes, ni des anges; et que nous ne vivons ni de la matière, telle qu'elle s'offre immédiatement à nous, ni de l'air du temps.

Notre intention est de fonder une feuille quotidienne, hebdomadaire ou autre ayant pour titre Peuple et Bourgeoisie et d'y consacrer une partie de notre avoir, plus une partie de notre temps, plus encore une partie de notre science, si science il y a.

Mais nous ne pouvons ni ne devons faire plus.

Force et devoir nous sont donc d'en appeler au public ; pour nous procurer et des collaborateurs et des aides financiers.

Afin de ne tromper qui que ce soit (et moins que tous autres ceux surtout qui nous prêteraient leur assistance) ; nous allons consacrer le restant de ce prospectus, à donner un échantillon de notre manière de voir sur les hommes et les choses qui doivent clore le dix-neuvième siècle.

§

Nous considérons la position actuelle comme des plus menaçantes ; et nous tenons pour certain que, le jour où disparaîtra le régime que nous subissons, nous aurons immédiatement à résoudre une question *politique*, plus une question *religieuse*, plus une question *financière*, plus encore une question *sociale* vingt-deux fois plus difficile que leurs analogues de **1848** ; parce que depuis vingt-deux ans on n'a fait qu'exagérer le régime de l'absolutisme politique et religieux qui les avait fait naître.

Nous considérons, dis-je, la position actuelle comme des plus menaçantes ; et nous nous demandons, au cas où les soldats et les prêtres perdraient à nouveau tout prestige comme toute action sur le monde industriel et libéral, ce que deviendrait ce dernier ; autrement dit, ce que feraient le peuple et la bourgeoisie, si aigris l'un contre l'autre et qui ont tant à se pardonner réciproquement.

Pourraient-ils enfin vivre sans se battre, comme ils firent en juin 1848, et marcher d'un commun accord dans la voie de l'activité pacifique ?

Ou devraient-ils, ainsi que des adolescents incapables de se gouverner eux-mêmes, laisser encore se faufiler entre eux leurs vieux tuteurs absolutistes, si épuisés et surtout si épuisants.

Afin de répondre à cette question qui (du petit au grand, sinon du grand au petit) préoccupe tout homme jaloux de léguer à ses enfants un temps meilleur que le nôtre ; considérons comme incontestables les quatre ou cinq propositions qui vont suivre (propositions que nous ne pouvons justifier ici, faute d'espace), et prenons-les pour base de nos raisonnements ultérieurs.

Premier axiome. — Dans le monde qui sait construire, l'ouvrier est au bourgeois et le bourgeois est à l'ouvrier ce que, dans le monde qui sait détruire, le soldat est à l'officier et l'officier au soldat.

En d'autres termes ; de même qu'il est impossible au monde militaire de *tuer* le mal, si le soldat ne prête ses forces musculaires au savoir stratégique de son commandant ; de même il est impossible au monde industriel d'*enfanter* le bien, si l'ouvrier ne prête son habileté manuelle à la science organisatrice de son patron.

Deuxième axiome. — En tant qu'individu, l'ouvrier ne vaut pas mieux que le bourgeois ; mais le bourgeois ne vaut pas mieux que l'ouvrier.

Je dis en tant qu'individu ; parce qu'en tant qu'être social c'est tout différent.

Troisième axiome. — Dans le cours d'une campagne industrielle, je dirais volontiers en temps de paix ; l'entrepreneur qui récolte la ruine pour lui et la misère pour ses ouvriers (par le fait de leur insubordination) est socialement aussi coupable que l'est militairement le général qui (pendant une expédition ou, ce qui est tout un, en temps de guerre) recueille la honte, pour lui, et la défaite, pour ses soldats ; parce qu'ils manquent de discipline.

Quatrième axiome.—Le monde industriel et libéral (prolétaires, entrepreneurs et théoriciens) forme une armée beaucoup plus nombreuse, beaucoup plus riche et beaucoup plus savante que celle constituée par les soldats et les officiers, les prêtres et les prélats, fauteurs de la civilisation militaire et théocratique.

Cinquième axiome. — L'avenir appartient aussi incontestablement à ceux qui veulent systématiquement construire le bien final, en travaillant pacifiquement, que le passé est à ceux qui surent empiriquement détruire le mal primitif, tant chez l'homme qu'ailleurs, en agissant militairement.

Sixième et dernier axiome. — Comme nous ne serons jamais parfaits ni notre monde non plus ; toujours et de plus en plus les hommes de bon vouloir trouveront à travailler

—

Ces quelques axiomes étant énoncés une fois pour toutes ; je rentre dans mon sujet, en répondant à cette question que forcément ils provoquent :

« Si le monde industriel et libéral est ef-
» fectivement plus nombreux, plus riche, plus
» savant et plus certainement dans la voie de
» ce qui doit être que son prédécesseur en ci-
» vilisation ; comment, après l'avoir trois et
» et même quatre fois chassé, s'est-il trois fois
» au moins laissé vaincre par lui ou, ce qui
» serait peut être plus vrai, l'a-t-il trois fois
» rappelé ?

Réponse. — Trois fois il été vaincu par lui ou mieux, il l'a trois fois rappelé ; par ce qu'il n'y a pas plus de société possible sans gouvernement, que de gouvernement sans discipline et que le monde théocratique et militaire est discipliné, tandis que son antagoniste industriel et libéral ne l'est pas.

Comment serait-ce autrement !

Celui-ci (composé de sept à huit millions d'hommes valides, obligés de nourrir vingt-sept à vingt-huit millions d'enfants, de femmes ou de vieillards, n'a même pas eu un siècle (et chez nous seulement) pour se réglementer ; tandis que celui-là (exclusivement recruté de célibataires, légalement parlant ; c'est-à-dire

d'hommes sans charge aucune) perd la date
de son avénèment social dans la nuit des temps,
et a eu, pour s'organiser, des milliers et puis
encore des milliers d'années.

—

Eh bien ! en quoi consiste cette organisation, qui donne tant de forces à ce million
tout au plus de soldats et de prêtres que nous
subissons ?
Et en quoi la pouvons-nous ou ne la pouvons-nous pas imiter ?

—

Nourriture, vêtement, logement, soins de
toute espèce, manière d'agir et manière d'être ;
voilà ce que le soldat et le prêtre tiennent de son
chef, en échange de son obéissance passive.
Donc ; abstraction faite de la crainte du
mousquet ou de l'enfer, abstraction faite aussi
de l'amour du drapeau ou du ciel, et afin de
n'envisager les choses que sous leur jour le
plus favorable ; c'est à la sollicitude absolue du
chef pour son inférieur (sollicitude absolue dé-
terminant l'absolue vénération de l'inférieur
envers son chef) que l'ancien régime doit
toute sa force bien réelle.

—

Dans le monde industriel et libéral, le soldat de l'établi, le prolétaire, c'est-à-dire l'homme chargé de famille, peut-il ainsi livrer, corps et âme, lui, sa femme, ses enfants, voire même ses père et mère à son patron ?

Il ne le peut évidemment.

Donc (rien de plus logique) parce qu'il ne le peut et ne le doit ; il ne peut ni ne doit pas non plus y avoir, en ce même monde industriel et libéral, vénération absolue de bas en haut et, par suite, sollicitude absolue de haut en bas.

———

Rien de plus logique, ai-je dit, rien de plus logique, je maintiens.

Mais de ce que le commandement et l'obéissance ne peuvent ni ne doivent aller, chez les travailleurs libres, jusqu'à l'absolutisme ; est-ce à dire que le dévouement de l'ouvrier au maître qui le fait vivre (lui, sa femme, ses enfants, voire même ses père et mère) ne saurait, en se proportionnant au service rendu, devenir plus grand que celui du célibataire envers le chef qui peut le tuer ou le damner ; et surtout est-ce à dire que, par un très-juste retour, ce plus grand dévouement de prolétaire ne peut ni ne doit éveiller, dans l'âme de son patron, un bon vouloir social plus grand

aussi que celui, toujours militaire, de l'officier envers le soldat qu'il fait, en définitive,
métier d'exposer à la mort.

—

Une pareille question serait permise si,
comme au temps jadis, les officiers et les prélats étaient autres que les enfants du peuple et
de la bourgeoisie. Mais du moment que les
fils de celle-ci, et de celui-là, recrutent le sacerdoce et l'armée; si vous admettez qu'un
service tout personnel et un excès de pres-
sion les font s'aimer, dans les rangs du monde
rétrograde; à *fortiori* devez-vous admettre
qu'une assistance étendue jusqu'à la famille,
et un respect complet de toute liberté doivent
les faire s'aimer davantage dans les rangs des
progressistes.

Nous pouvons donc conclure, de tout ce
qui précède, que tout praticien vraiment digne
autrement dit, tout homme sachant organiser
des travaux et ne voulant manier que le salaire,
pourra toujours obtenir, de ceux qui ne savent
que les exécuter, un respect à ses ordres plus
grand et plus noble que celui qu'impose, à son
absolu subordonné, tout chef ne sachant manier que la menace ou la promesse.

—

Ainsi, le monde industriel et libéral (de par ceux qui le composent et de par le travail qui ne manquera jamais, tant que la terre ne sera pas un paradis ni l'homme un ange), le monde industriel et libéral est disciplinable, plus disciplinable même que son antagoniste théocratique et militaire.

Donc, tôt ou tard, il finira par gouverner à la place de celui-ci.

—

Eh bien! quand?

Lorsqu'au lieu d'invoquer, comme principe d'ordre et d'amour, un être surhumain; il saura (de par la science de tout ce qui ne vit pas et surtout de par celle de tout ce qui vit, de par la notion nette, précise, exacte..., en un mot, positive des qualités bonnes et mauvaises inhérentes à l'homme et à la femme, à l'enfant, à l'adulte et au vieillard, à l'ouvrier, à l'entrepreneur et au théoricien, au peuple, à la bourgeoisie et au sacerdoce, au noir, au jaune et au blanc...) il saura, lui, monde industriel et libéral, si éminemment relativiste et organisateur, non seulement respecter, mais encore assister, en son office humanitaire, chaque race, chaque peuple, chaque classe, chaque famille, chaque individu, chaque âge et chaque sexe social.

§

Après cette espèce de profession de foi, on nous pardonnera, j'espère, si nous disons que la formule adoptée par nos glorieux pères de 93 (en haine d'une hiérarchie sociale basée sur l'absolutisme de la naissance ou de la grâce) ne nous répugne que parce qu'elle est aussi matériellement que temporellement et spirituellement impossible : et l'on nous pardonnera, j'espère encore, si (voulant assigner à chacun son rôle, dans le monde industriel et libéral ; et son rôle aussi, à ce même monde, industriel et libéral, dans l'avenir) nous venons au lieu de la fameuse formule :

« LIBERTÉ, *égalité*, FRATERNITÉ OU LA *mort*, »

qu'entache si malheureusement l'absolutisme révolutionnaire ; nous venons, dis-je, proposer cette simple devise qui si bien montre ce qu'il faut laisser mourir, et surtout (surtout!) ce qu'il faut enfin laisser vivre :

NI DIEU, NI ROI
LA RÉPUBLIQUE ET L'HUMANITÉ.

LUCIFER. — Fort bien, maître A + B, mais à quand et par qui la traduction pratique !

A + B. — A défaut d'un autre plus habile, par moi immédiatement.

Pour la question sociale ; déclarer que toute profession est une fonction publique, et partant, que tout entrepreneur, dont les ouvriers se seront

mis en grève ou en situation pire, sera considéré
comme séditieux et puni comme tel; s'il est
prouvé que (ses frais généraux soldés et sa vie
ainsi que celle de ses employés assurées) il n'a
pas réparti ses bénéfices comme il suit : un tiers
pour lui administrateur : un tiers pour le ou les
inventeurs de l'idée qu'il exploite : et un tiers
enfin pour l'ensemble des ouvriers qui l'aident
à la réaliser.

Lucifer. — Et réciproquement, maître A + B.

A + B. — Réciproquement, cela va sans dire.

Lucifer. — Alors passons à *la question financière*.

A + B. — Que le peuple et la bourgeoisie
acceptent franchement et loyalement la solution
précédente ; que l'une mette en outre au service
des événements actuels un mois de son immense
revenu ; pendant que l'autre leur donnera ses
trois mois encore de misère ; et nous en sortirons.

Lucifer. — Alors à la politique et à la religion ?

A + B. — Aujourd'hui... fin août 70... il n'y
a qu'une politique possible ; parce qu'il n'y a de
possible qu'une seule religion : celle d'un Dieu...
non pas sauveur, mais à sauver : LA PATRIE.

Donc, à plus tard, la convention industrielle
et libérale...

Lucifer. — ... En attendant ?

A + B. — Que la très-sainte humanité guide
et sauve la France.

Lucifer. — De tout mon cœur; ainsi-soit-il !

HUITIÈME NUIT.

—

> De même que dix-sept-cent-quatre-vingt-
> neuf ne posa (seulement par des faits) son pro-
> blème social qu'en dix-sept-cent-quatre-vingt-
> treize ; de même dix-huit-cent-trente ne posa
> vaguement le sien qu'en trente-deux ; et février
> quarante-huit qu'en juin.

A + B. — L'ouvrier a, pour capital, son habileté manuelle ; pour garant, sa bonne mine ; et, pour crédit, la très-mince confiance de son voisinage.

Lucifer. — Très-mince, en effet ; car elle est aussi courte en durée qu'en étendue..... huit, quinze jours à peine !

A + B. — Quoi de plus naturel. On ne juge que par ce qu'on voit ; et l'ouvrier (qu'il travaille ou consomme) ne fait jamais circuler qu'un peu d'argent. Tout au contraire, outre la force administrative qui lui est propre, son patron possède en général un certain avoir répondant pour lui. Ce qu'il fait circuler, en travaillant et consommant (mais surtout en travaillant, vu qu'en affaire on aime peu les prodigues), c'est la valeur papier. Valeur qui, toujours, représente une somme importante, représentant, presque toujours elle-même, un travail important aussi ; tantôt fait et tantôt à faire.

C'est donc lui, patron, qui, dans le monde industriel, introduit, tout à la fois, le signe de ce qui est réalisé déjà et celui de ce qui doit l'être : lui, patron, qui oppose la force mentale et patiente de l'homme qui prévoit et souvent économise trop, à celle musculaire et presque toujours un peu trop cassante de celui qui ne peut ni ne doit prévoir assez : lui enfin (je parle toujours du patron) qui ligue, contre l'absolutisme du présent monétaire, le signe de ce que vaudra très-probablement l'avenir et le signe aussi de ce que vaut incontestablement le passé.

Le crédit de ce bourgeois travailleur, proportionné (comme celui de l'ouvrier) à la quotité de ce qu'il exhibe, est justement et généralement, aussi fort que lointain et varie d'ordinaire depluis plusieurs mois jusqu'à plusieurs années, quant au temps, et depuis les bornes de sa ville jusqu'à celles de notre monde, quant à l'espace.

Donc, c'est encore lui, patron, qui (par la confiance qu'il inspire, tant à l'intérieur qu'à l'étranger) préside (suivant qu'il est agriculteur, fabricant, négociant ou banquier, moins ou plus important) aux échanges, moins ou plus importants aussi, des matières premières, des objets fabriqués ou des valeurs financières : échanges qui font vivre pacifiquement, les uns par les autres, les habitants des différentes provinces d'un même pays, les différents pays d'un même continent, et les différents continents d'un même globe.

Lucifer. — Ah! mon trop excellent A + B, *pacifiquement et les uns par les autres* sont, malheureusement encore, des mots aussi prématurés qu'inexacts ; car, dans ton monde industriel et libéral, pour quelques rares bourgeois voulant enrichir les autres et s'enrichir eux-mêmes, en répudiant enfin la force armée, qui leur fait, dit-elle, des colonies... force armée partout maîtresse encore, politiquement parlant ; et partout aussi onéreuse à l'intérieur qu'à l'extérieur... pour ces quelques bourgeois, dis-je, il y a des centaines et des milliers d'agriculteurs, de fabricants, de négociants, de banquiers et même des théoriciens qui ne rêvent que faire fortune au détriment de leurs semblables ; en profitant ou mieux en demandant à cette dite force armée de protectorats, des traités de commerce ou des monopoles.

A + B. — Je continue.

Quant à l'artiste, au savant ou au philosophe, bref, au pauvre détenteur de force intellectuelle, en travaillant beaucoup et consommant fort peu ; que fait-il ? — Circuler à fort grand peine et lentement... bien lentement .. toujours trop lentement ! circuler, dis-je, son idée.

Lucifer. — ... Quand, par hasard, elle est bonne : car, lorsqu'elle est mauvaise, elle va toujours trop vite !...

A + B. — D'où s'en suit que la confiance morale et le crédit matériel sont les deux choses que ses contemporains lui prodiguent le moins...

Lucifer. — ... Alors, précisément, qu'il les mérite le plus ! Rien de plus juste encore, puisqu'il est forcément d'autant plus incompréhensible, qu'il spécule sur des phénomènes d'un ordre plus élevé.

Conclusion ?

A + B. — Conclusion : parce que le crédit national et international de tous les théoriciens d'un pays quelconque est, comme celui de tous ses ouvriers, égal à zéro ; et parce que l'avoir collectif de tous ses ouvriers et de tous ces théoriciens n'égale certainement pas la totalité du numéraire de ce pays quelconque (totalité qui n'est elle-même qu'une fraction fort mince de son avoir réel), on peut dire que l'ensemble de ses patrons détient...

Lucifer. — ... Justement ?...

A + B. — ... Ou injustement ! (peu importe…) détient, dis-je, la presque totalité de la fortuue de ce susdit pays, plus la totalité, l'absolue totalité, de son crédit à l'étranger.

Lucifer. — Donc, vouloir se priver du travail de l'avoir et du crédit de la bourgeoisie praticienne ; et vouloir, tant bien que mal, y substituer le travail, l'avoir et le crédit de tout ses ouvriers, plus même, si bon vous semble, le travail, l'avoir et le crédit de tous ses théoriciens, en soudant ceux-ci et ceux-là ou ces premiers seulement en sociétés coopératives ; c'est tout simplement vouloir (aussi aveuglément que certainement) anéantir, d'un seul et même coup, la presque totalité de la fortune de ce pays et l'absolue totalité de son crédit, tant national qu'international.

Est-ce là que tu voulais en venir?

A + B. — Non, car mon intention n'est pas de conclure au blâme de ce qui arriverait si le démocratisme absolu, et partant exclusif, triomphait ; mais bien à l'éloge, au moins partiel, de ce qui est politiquement arrivé, en 1830 et 48, par le fait de la bourgeoisie praticienne, momentanément revenu au pouvoir politique.

Par conséquent, avec ta permission, je reprends mon raisonnement.

Incontestablement, les ouvriers et les théoriciens réunis ne possèdent, en fait de crédit et

de capital, ni le dixième, ni le vingtième, ni
même le quarantième de ce qu'ont les agriculteurs, fabricants, négociants et banquiers, en
belle et bonne propriété mobilière ou immo-
bilière. Donc, en présence d'une révolution
compromettant l'avoir et le crédit national;
ces agriculteurs, fabricants, négociants et banquiers, pour sauvegarder l'un et l'autre, sont
tenus de se montrer dix, vingt et même qua-
rante fois plus prévoyants et plus circonspects
que le peuple et les théoriciens.

Par conséquent, toutes les fois qu'ils feront
avorter un changement politique; ils feront
bien, très-bien, on ne peut mieux et seront
vraiment patriotes, si les doctrines qu'il in-
voque sont mauvaises : et, tout au contraire
feront mal, très-mal, on ne peut plus mal!
si elles valent mieux que celles du régime
qu'il veut remplacer.

Ils feront mal, très-mal, on ne peut plus
mal! et seront alors envers l'avenir (c'est-à-
dire la civilisation libérale, industrielle et pacifique) aussi traîtres que Louis XVI envers la
France (qu'il avait mission de gouverner et dé-
fendre); s'ils réclament, comme lui, l'étranger,
pour triompher *mal à propos* de leurs travailleurs et de leurs théoriciens. L'étranger! c'est-
à-dire l'intervention de ceux qui font encore

métier d'obéissance passive, soit au sabre, soit au bénitier.

LUCIFER. — En vérité, mon cher A + B, tu as une si étrange manie d'abstraire et généraliser, à propos de tout, que me voilà forcé de te rappeler au concret.

Donc, dis-moi, tout bonnement, si, en 1830, la bourgeoisie fit bien d'escamoter la république ; et si, dès 48, elle fit bien encore de préparer le deuxième empire ?

A + B. — Que la bourgeoisie de 1830, ait escamoté la république ; c'est chose incontestable. Mais que dès 1848 elle ait travaillé seule surtout, à reconstituer le second empire ; c'est ce que je ne saurais complétement admettre. Par conséquent je ne répondrai, quant à présent, qu'à ta première question.

Demander, après tout ce qui précède, si nos grands pères des trois glorieuses ont bien fait de rétablir la monarchie constitutionnelle ; c'est tout simplement demander si, dans les doctrines au nom desquelles on renvoyait les Bourbons de la branche aînée, il y avait (pour l'individu, pour la famille, pour la commune, l'arrondissement... la nation et même la race) des règles sentimentales, pratiques et intellectuelles meilleures que celles prescrites (aux enfants, aux femmes, aux adultes et aux vieillards) par les anciens préjugés, institutions, habitudes et codes catholiques et militaires, si souvent et si constitutionnellement ou non revus et corrigés depuis 1789.

Eh bien ! en 1830, en fait de doctrines sociales, politiques et religieuses, qu'avait-on ?... en plus de celles expérimentées, si cruellement, depuis 89 jusqu'en 1815 !

Lucifer. — Le saint simonisme, qui n'était que peu connu ; le fouriérisme, qui l'était encore moins ; et le positivisme naissant qui ne l'était, pour ainsi dire, pas du tout.

A + B — Donc, pour en finir immédiatement avec ce dernier ; quand il vint dire, au lieutenant général du royaume, qu'obsédaient le banquier Laffitte et autres bourgeois, « nous » n'avons pas encore assez positi...

Lucifer. — ... vistement.

A + B. — ... « Formulé nos idées politiques, » religieuses et sociales, pour qu'elles puissent » vous guider sans aucune hésitation au mi- » lieu de toutes les difficultés présentes ; mais » tenez pour certain que vous préparez une » révolution nouvelle, en ne proclamant pas » la République ; parce que le point de vue » monarchique et, qui pis est, le point de vue » dynastique vous rendront plus sensible aux » exigences de la soldatesque et au bon vouloir » des gouvernements étrangers, qu'aux be-

» soins des travailleurs et à l'approbation de
» vos compatriotes... » quand dis-je, il prédit
toutes ces choses, si simples et si vraies ; on ne
l'écouta pas plus qu'on n'avait fait Danton,
présageant les atrocités des fanatiques de la
vertu suprême ; et pour dix-huit années, on
rétablit une royauté qui s'en alla honteuse-
ment, *en laissant le trésor à sec, bien qu'elle
fût financièrement honnête.*

Lucifer. — Et d'une ! Passons à l'école saint
simonienne.

Que prêchait-elle à l'égard du trône ?

A + B. — Rien ! Elle avait subi et même flatté
le premier empire ; partant toute autre monarchie lui pouvait paraître excellente.

Lucifer. — Et à l'égard de l'autel ?

A + B. — A l'égard de l'autel ! comme à
l'égard de l'ordre social ; des choses insigni-
fiantes, fausses, ou méprisables : témoins ces
trois formules gravées sur le tombeau de son
dernier chef.

> « *Dieu est tout ce qui est*
> » *Tout est en lui, tout est par lui*
> » *Nul de nous n'est hors de lui*
> » *Aucun de nous n'est lui.*

> » *Égalité*
> » *De l'homme et de la femme.*

> » *à*
> » *Chacun selon sa capacité.*
> » *à*
> » *Chaque capacité selon ses œuvres*
>
> » ENFANTIN, 1832. »

Formules, dont la première se ressent évidemment de la trop forte illumination solaire de Damas :

Dont la seconde n'est pas plus vraie musculairement que moralement ; vu que si l'intelligence féminine est égale à la nôtre, bien quelle soit...

LUCIFER. — ... Je connais votre hiérarchie mentale « pour l'homme, caractère, d'abord ; intelligence, ensuite ; et sentiment, après. Pour la femme, au contraire ; en premier lieu, sentiment ; en second, intelligence ; et, en dernier, caractère » afin qu'elle soit (n'est-il pas vrai ?) votre constante subordonnée.

A + B. — Notre constante subordonnée, non ! mais notre continuelle protégée, oui. Et ce, par cet excellent motif qu'entre égaux il ne peut y avoir tout au plus qu'association ; tandis que, du puissant possesseur au faible possédé, il peut y avoir (de par le fait même de la possession) attachement et (de par le fait encore de l'attachement) bonté, amour, voire même adoration...

Lᴜᴄɪғᴇʀ. — ... Allant jusqu'à faiblesse Omphalo-Herculéenne ; si, du fait de... la possédée...

A + B. — ... Ennoblissant l'obéissance par l'affection, il y a vénération et dévouement.

Lᴜᴄɪғᴇʀ. — *Initium sapientiæ, timor domini !* Ainsi comprennent l'amour, ceux qui préfèrent le gouvernemental Bossuet...

A + B. — ... Au quiétiste Fénélon : autrement dit l'affection utile et conjugale, qui se traduit par de beaux enfants, à la stérile extase d'un adultère subjectif (humain ou surhumain) qui n'aboutit jamais qu'à des soupirs énervants par leur nombre ou leur érotisme.

Lᴜᴄɪғᴇʀ. — Mettons que je n'ai rien dit; et montre-moi en quoi l'aphorisme, *« à chacun selon sa capacité, a chaque capacité suivant ses œuvres »* est méprisable.

A + B. — En ce que, premièrement, il dispense de toute commisération envers les enfants des grands hommes ; bien que leur trop fréquente débilité matérielle ou mentale ne provienne, presque toujours, que des excès (au fond, constamment philanthropiques) de leurs parents : et, secondement, en ce qu'il dispense encore de toute commisération envers ces grands hommes eux-mêmes, qu'il livre en quelque sorte ; à la persécution de tous, par cela seul que la supériorité de leurs œuvres ne les rend accessibles qu'à l'intelligence de quelques-uns.

Lucifer. — Ce qui tout simplement réduit l'axiome saint simonien à cette simple proposition « *profit et renom à tous ceux qui sont plus forts en savoir faire qu'en science réelle.* »

A + B. — L'histoire personnelle de leur immense majorité me donne-t-elle donc tort?

Lucifer. — Loin d'entamer un sujet nouveau, retournons au contraire à celui que nous avons quitté.

A + B. — Soit!

Les bourgeois de 1830 (ne trouvant rien, absolument rien, d'organique dans le saint simonisme) rétablirent donc la monarchie constitutionnelle, en la nommant la meilleure des républiques...

Lucifer. — ... Juste comme avaient fait ceux de 1804... République française, Napoléon empereur!... Continue.

A + B. — ... Et tant mal que bien, les choses boitèrent jusqu'en 32 : époque à laquelle les progressistes d'alors, c'est-à-dire, les ouvriers et les théoriciens, sans croyances ni doctrines capables de les rattacher les uns aux autres, essayèrent séparément à Lyon et à Paris, de réagir contre cette royauté bourgeoise qui démasquait enfin ses aspirations, habitudes et préjugés dynastico-militaires.

Cette fois encore les tribunaux et surtout le ridicule tuèrent moralement ceux qui changeaient d'habit ; pendant que le canon de Saint-Méry, de la Bastille et de la Croix-Rousse coupait la gorge aux malheureux ouvriers criant : « Vivre en travaillant ou mourir en combattant, » et, pour seize ans, tout fut dit quand à ce deuxième essai 'de réorganisation sociale.

Malheureusement pour nous, après leur défaite, les saint simoniens n'imitèrent pas la conduite modeste de leurs compagnons d'infortune. Loin de se tenir tranquilles, ils s'agitèrent bientôt plus que jamais ; crièrent au martyre ; et, s'organisant en société de réclame et d'admiration mutuelle, demandèrent à la richesse le prestige que n'avait pu leur procurer leur pauvreté scientifico-morale.

Je dis malheureusement pour nous ; par ce qu'en hommes plus jaloux de jouir d'une haute considération que de la mériter, ils se lancèrent comme avait fait leur maître dans l'industrialisme, l'agiotage et, qui pis est, le jésuitisme financier.

Expliquons-nous.

De même que la société de Jésus (en enlaçant le monde actuel avec ses quelques milliers de soldats à robe longue et ses myriades, peut-être cent milliers d'espions à courte robe, espions aussi insaisissables que leur général);

opprime les plus forts esprits, je dirai même le meilleur côté de chaque intelligence, parce qu'il reste de plus étroits préjugés au cerveau de tous ; de même (avec leurs myriades, millions et centaines de millions d'actions ou plus) nos quelques énormes sociétés industrielles et financières à directeurs irresponsables, vu leur conseil d'administration, irresponsable lui-même, vu leurs assemblées générales d'actionnaires, irresponsables à leur tour, vu le nombre de leurs membres, leur continuel changement et la nature des titres qu'ils possèdent (presque tous au porteur, pour plus de facilité mercantile)... de même, dis-je. nos quelques énormes sociétés industrielles et financières (en faisant continuellement appel à l'écrasante cupidité collective de ceux qui ne savent, ne peuvent ou ne veulent faire des transactions) despotisent l'avoir et l'activité de ceux qui voudraient, pourraient et sauraient travailler libres et responsables.

La seule différence qu'il y ait, entre les sectaires de saint Ignace et ceux de saint Simon... mon...

Lucifer. — ... C'est que (dans le but exclusif de régner chichement en ce monde, quitte à se dédommager splendidement dans l'autre) les premiers, depuis le général jusqu'au dernier frère lai, font vœu de gueuserie, d'obéissance et de chasteté ; tandis que les seconds, tout en trônant ici-bas, ne songent en général à s'enrichir ; qu'a fin de vivre sans règle aucune et ripailler avec les Vénus de hauts parages, les truffes et le champagne ou les nymphes de basse futaie, le gruyère et le petit bleu : suivant qu'ils sont puissants barons (exploitant les villes) ou courtiers de bouchon (enfonçant les malheureux haricotiers de leurs valeurs véreuses).

A + B. — Disons, pour en finir avec ce deuxième avortement de réorganisation sociale, qu'une fois sur la pente fatale de l'absolutisme pécuniaire et de l'irresponsabilité administrative, ces compagnies de Jésus-financier abusèrent tant, que le gouvernement dut bientôt couvrir de sa garantie leurs valeurs de plus en plus discréditées...

Lucifer. — ... Et ajoutons qu'entré comme dupe, dans leurs tripotages, il finit par y dominer comme fripon ; et par les forcer à doubler leur despotisme financier de son despotisme politique, doublé lui-même de son cagotisme religieux. Ainsi fut organisée peu à peu, grâce au petit côté cupide de chacun, la triple conspiration des grandes associations financières belligérantes et cléricales contre tout individu jaloux de vivre libre, moralement, intellectuellement et pratiquement.

A + B. — Hélas ! sauf erreur... un peu de noms... et beaucoup de temps... tout ceci n'est malheureusement que trop vrai.

Lucifer. — Conclusion : les Saint-Simoniens ne nous ont fait que du mal.

A + B. — Non, car plusieurs d'entre eux (leur chef tout le premier et le père Enfantin après, en payant de leur personne et de leur avoir) nous ont rendu le service immense de maintenir en vue de toute l'Europe le noble drapeau du socialisme ; pendant que d'autres résolvaient, en silence, le grand problême dont ils croyaient avoir triomphé.

AVIS IMPORTANT.

Au moment où l'auteur des lettres qui précèdent achevait d'écrire le récit de sa neuvième nuit sous clef, on vint le troubler si brusquement qu'il m'expédia, au lieu et place de son épitre ordinaire, la copie de celle écrite (il y a de cela plusieurs années), par mon ami H.L., à Monseigneur Dupanloup, évêque d'Orléans. C'était, autant qu'il m'en souvient, à l'occasion de son livre intitulé : l'*Athéïsme et le Péril social.*

Comment notre jeune détenu s'est-il procuré cet écrit? je l'ignore.

Mais un fait certain; c'est que je peux, grâce à l'autorisation de mon nouvel auteur, donner telle quelle, ici, la dernière missive du pauvre journaliste *in pace.*

Dr ANTOINE-EDOUARD FOLEY,

Ancien élève de l'École Polytechnique,
Ex-officier de marine.

NEUIVÈME NUIT.

—

Cher et bon Docteur,

Vous verrez, ci-dessous, comment Lucifer et son docte ami A + B prouvent :

Premièrement, que l'intérêt à solder aux valeurs véreuses et l'impôt, quels que soient son assiette et son masque, retombent toujours sur le pauvre :

Secondement, que tout peuple qu'on n'aide pas à évoluer fait inévitablement, tous les 15 ou 20 ans, une révolution ; ou bien meurt ;

Et *troisièmement* enfin, que le parti rétrograde, le parti progressiste et le parti conservateur pourraient fort bien s'entendre ; s'ils n'avaient (le premier) des entêtés, (le second) des révolutionnaires et, (le dernier) des ventrus systémati.....

J'entends les gendarmes. Encore un déménagement. Pourvu qu'ils ne me conduisent qu'à Mazas.

A Monseigneur Dupanloup, évêque d'Orléans.

MONSEIGNEUR,

Du haut du trône épiscopal, votre voix éloquente et respectée a lancé au Positivisme un terrible anathème ; en entendant retentir ce cri d'alarme d'un des plus éminents de ses pasteurs catholiques, le monde entier s'est ému et l'on s'est demandé : quelle est donc cette doctrine si puissante qui porte un tel ombrage aux forts? Ne craignez pas, Monseigneur, qu'en vous adressant cette réponse je manque aux égards qui sont dus à votre âge, à votre caractère et à votre talent. Lorsque le Paganisme expirant envoyait aux lions les premiers confesseurs de la foi chrétienne, ceux-ci bénissaient leurs bourreaux et appelaient sur eux les miséricordes du Ciel. Il n'y a plus aujourd'hui ni bourreaux ni martyrs, mais il y a, comme il y avait alors, une religion qui finit et les aspirations de l'humanité vers une communion supérieure. Il y a les représentants du passé qui poursuivent de leurs malédictions les précurseurs de l'avenir, et ceux-ci qui leur disent comme autrefois Jésus aux Hébreux : « Nous vous pardonnons, car vous ne savez ce que vous faites. » Nous faisons plus que vous pardonner, nous vous respectons et nous vous aimons encore ; car, vous êtes, comme nous mêmes, sortie du sein de cette grande Institution catholique qui a été pendant quinze siècles pour l'humanité une nourrice féconde. Si ses mamelles sont aujourjourd'hui flétries, nous n'oublierons jamais qu'elles nous ont longtemps allaité et nous n'irons point, imitant sa conduite envers la nation Juive, à l'exemple de Néron pour sa mère, frapper le ventre qui nous a porté.

Aux sommets lumineux où tend l'humanité, où les positivistes la précèdent, l'intelligence n'a plus de ténèbres, le cœur n'a plus de haines. Quels que soient donc les anathêmes que vous jetiez sur notre berceau, nous n'entourerons votre tombe, déjà entr'ouverte, que de témoignages de vénération et d'amour.

Inspirées par des Dieux jaloux, les religions antiques, le catholicisme plus qu'aucune autre, proscrivaient leurs devancières. Le positivisme n'en proscrit aucune, car chacune d'elles lui représente, dans le temps comme dans l'espace, une des étapes par lesquelles l'humanité s'élève, d'échelon en échelon, dans son ascension continue vers le vrai, le bien et le beau. C'est tenter une œuvre impie que de vouloir briser ces échelons après les avoir parcourus.

Toutes les grandes étapes de l'humanité, depuis l'adoration grossière du fétiche jusqu'au catholicisme, dont nous sommes les héritiers immédiats, sont également dignes de notre vénération, puisqu'elles étaient la foi de nos ancêtres, et de notre sympathie, puisque nous trouvons de nos contemporains, de nos frères par conséquent, arrêtés à chacune de celles qu'ont successivement parcouru nos pères.

Ainsi, quand vous, pasteurs catholiques, après avoir proscrit et damné tous vos prédécesseurs sans exception, vous dites de nous : « Maudits soient ces nouveaux prophètes de l'avenir » , nous disons à la jeunesse que vous ne savez plus convaincre et qui nous écoute : « Apprenez d'abord à respecter ce Catholicisme dont vous êtes sorti, et si vous n'y croyez plus, sachez l'aimer encore, car c'est à lui que vous devez la plus large part des progrès moraux que l'humanité a faits jusqu'à ce jour ; aimez aussi le Polythéisme qui l'a précédé, qui nous a légué toutes les grandes institutions sociales, qui a produit tant de grands hommes et tant de chefs-d'œuvre : aimez enfin le Fétichisme lui-même, qui jeta les premiers fondements des sociétés ; respectez toutes ces croyances et bénissez vos pères, qui ont su se dégager de chacune d'elles pour vous élever au niveau que vous devez être heureux d'avoir atteint, quand tant de groupes humains sont encore aujourd'hui restés aux degrés inférieurs de toute civilisation. »

Le premier dogme du positivisme, c'est donc l'amour et le respect du passé. Cette immense multitude de générations éteintes dont chacune est venue apporter à l'édifice social une des pierres qui abritent aujourd'hui nos têtes, nous a légué tout l'excédant de richesses dont nous jouissons sans les avoir créées.

L'humanité n'est pas seulement composée des vivants, elle se compose surtout de la masse toujours prépondérante des morts, qui nous gouvernent en nous imposant leurs institutions et leurs idées, qu'ils nous transmettent en même temps que l'immense héritage matériel qu'elles ont amassé.

Ce grand fantôme humain qui se dégage de toutes les tombes du passé en puisant une vie nouvelle dans le sang des générations présentes, n'est-il pas déjà une providence réelle, toute puissante par rapport à chaque individu, toute aimante aussi puisqu'elle l'entoure dès son berceau de sa tutelle et de ses bienfaits.

Lors donc que nous arrivons dans cette société, quels droits y apportons-nous? Nous commençons par recevoir et nous serons longtemps, sinon toujours incapables de rendre. Nous jouissons, dès en y entrant, de tout l'héritage du passé, de toute la protection du présent, et quelque sincère que soit notre désir de nous acquitter envers elle, quelque grande que soit la tâche que nous puissions accomplir, nous resterons toujours ses débiteurs et ses obligés. Nous n'avons donc jamais, vis-à-vis de l'Humanité, que des devoirs à remplir, à l'accomplissement desquels nous devons consacrer toutes nos forces physiques, intellectuelles et morales.

En persuadant aux hommes qu'ils étaient fils de Dieu, le christianisme leur apprenait qu'ils n'avaient de devoirs à remplir qu'envers le Créateur ; mais vis-à-vis de leurs semblables, étant tous enfants du même père d'où provenait toute richesse, ils avaient tous les mêmes droits à une part égale dans l'héritage commun. Tant que le catholicisme prévalut, les vices sociaux d'une semblable doctrine se trouvèrent tempérés d'une part par le dogme d'une vie future où les récompenses et les peines venaient équilibrer les misères et les jouissances de cette vie, et de l'autre par la loi révélée, imposant à chacun l'obligation de respecter la grande base à toute société, la propriété d'autrui.

Quand la foi dans le dogme et les décrets revelés eut disparu, quand il ne resta plus que cette croyance vague à une origine céleste qui flattait à la fois l'orgueil et la cupidité, l'égoïsme individuel, s'affranchissant de plus en plus de toute notion du devoir, développa la doctrine subversive des droits de l'homme d'où naquirent tous les désordres moraux et sociaux que vous signalez, Monseigneur, avec tant de raison.

Aujourd'hui, aux fondements fictifs et indémontrables, partant insuffisants désormais, de la morale *humaine*, le Positivisme vient substituer une base réelle, et à tout jamais solide, en prouvant à l'homme qu'il est d'abord fils de l'Humanité et que sa dette vis-à-vis d'elle ne saurait être payée seulement par une reconnaissance plus ou moins stérile, c'est pourquoi, à la grande formule catholique :

Aimez-vous les uns aux autres,

qui ne comprend que le sentiment, nous substituons la formule nouvelle :

« VIVRE POUR AUTRUI, »

qui comprend à la fois l'amour et l'activité : Le Positivisme vient donc éclairer l'amour pour diriger l'activité, et en déduire toutes les vertus humaines dont les religions antiques cherchaient en Dieu le principe et la loi.

Cette lumière, objet des constantes recherches de l'esprit humain, c'est la Science que vous repoussez, Monseigneur. Grâce à elle, l'activité, stimulée par l'amour, améliore incessamment les conditions de notre existence individuelle et collective ; aspire à la culture, aux développements de nos meilleurs instincts ; cherche, à l'aide des lois qui régissent l'humanité à la conduire, plus sûrement dans la voie du bonheur et du progrès.

Tels sont les fondements de cette nouvelle doctrine que vous dites, Monseigneur, susceptible de corrompre la jeunesse et de troubler la société. Ils ne reposent, il est vrai, ni sur la théologie ni sur la métaphysique, mais ils sont démontrables et démontrés : ils ont dès-lors cette inébranlable solidité qu'aucune religion révélée n'a pu conférer aux siens.

Nous remplaçons la foi par la certitude, la croyance par la confiance, la charité par le dévouement. Notre *grâce suffisante*, nous la trouvons dans les bons instincts naturels à l'homme ; notre *grâce efficace* dans ces mêmes instincts éclairés et dirigés par la science au profit de nos semblables. Pour des dogmes nouveaux il fallait des locutions nouvelles, en face de l'égoïsme théologique nous avons créé l'altruïsme positiviste. A la mémoire des saints qui l'ont honoré, le catholicisme a institué une commémoration quotidienne dont il a exclu tout le reste de l'humanité ; à la mémoire des grands serviteurs de l'humanité, y compris ceux de vos Saints qui en sont vraiment dignes, nous instituons aussi des fêtes commémoratives où nous donnons en exemple à chacun leurs types idealisés et sanctifiés. Nous prenons chez vous tout ce qu'il y a de bon, comme vous avez emprunté vous même au Panthéisme et au Judaïsme tout ce qui méritait d'être conservé ; seulement nous relions ce que vous avez délié, et nous rallions ce que vous avez proscrit.

Ah ! Monseigneur, quel enseignement vous nous donnez lorsque, vous abusant vous même, vous dites :

« Quand au sein des ténèbres de l'antique Paga
» nisme, aspirant à une lumière meilleure, les
» grands esprits, un Socrate, un Platon, cher-
» chaient de toutes leurs forces le vrai, et luttaient
» avec énergie contre les sophistes qui, de leur
» temps comme du nôtre, pullulaient et rongeaient
» tout dans leurs âmes, j'admire leurs efforts et
» leurs luttes généreuses. »

Ce ne sont pas les sophistes, Monseigneur, qui firent boire la ciguë à Socrate, ce furent les prêtres d'alors, en l'accusant, comme aujourd'hui vous nous accusez, de corrompre la jeunesse et d'introduire des divinités nouvelles. C'est au nom du Dieu des Juifs que Jésus, qui enseignait une *lumière nouvelle,* fut par les prêtres attachés à la croix ; c'est au nom d'un Dieu de fraternité et d'amour que l'Eglise catholique fit couler des flots de sang pendant tout le moyen-âge et que s'allumèrent les bûchers de tant de *grands esprits qui cherchaient de toutes leurs for-*

ces le vrai et dont nous admirons *les efforts et les luttes généreuses.*

Quand on parle au nom de Dieu, la logique veut qu'on commande et qu'on tue. Quand on croit à l'immortalité, la vie de l'homme n'est rien dès qu'il s'est confessé et qu'il s'est absous. Aux temps de votre puissance, c'étaient les règles de votre conduite. Aujourd'hui vous ne commandez plus, que dis-je, vous implorez l'appui des philosophes, ces éternels ennemis que vous proscriviez autrefois, et des magistrats qui appliquent une législation athée (1). Vous voyez bien que Dieu lui-même ne vous soutient plus et que les sociétés modernes ne veulent plus de ces fondements que vous déclarez inébranlables.

Enfin, que voulez-vous, Monseigneur? Vous avez été pendant dix-huit siècles les grands éducateurs de cette société ; vous déplorez maintenant qu'il y ait tant de vos brebis égarées, qu'il y ait bien des loups dans votre bergerie : vous avez donc été des pasteurs incapables ; vous ne pouvez plus ni ramener les brebis au bercail, ni en chasser les loups : vous êtes donc des pasteurs insuffisants, et vous vous étonnez que l'humanité ait cherché d'autres guides ! vous n'avez pu ni rallier les protestants ni convertir les juifs, — le peuple de Dieu cependant — ni les mu-

---

(1) « Eh bien oui, je parlerai pour elle, (pour la raison et la philosophie) puisque nul ne parle ; et c'est aux *Philosophes,* aux spiritualistes, à vos amis, à vos admirateurs, à vos collègues. aux *magistrats,* que je dirai : ..... — (Dupanloup), *Athéisme et Péril social.*

sulmans, ni les sectateurs de Boudha, de Confucius, et de tant d'autres. Tous ont des religions révélées comme la vôtre, et croient avoir pour eux la vérité : tous ont eu leurs miracles, leurs confesseurs et leurs martyrs, tous ont eu leurs grands hommes qui ont accompli leur tâche et que vous réprouvez. En présence de ce grand fait de la diversité de toutes ces croyances irréductibles l'une à l'autre, le besoin s'est fait sentir de ramener tous ces esprits, tous ces cœurs humains à une même communion. Où la prendre ? dans une révélation nouvelle, vous n'y comptez pas. Les hommes vraiment religieux, ceux qui sont convaincus de cette grande nécessité de relier les esprits et de rallier les cœurs à un ensemble de dogmes et de sentiments communs, ont dû chercher, dans le domaine des choses démontrables (ce lien que toute religion révélée n'a qu'imparfaitement construit). Telle a été l'œuvre d'Auguste Comte, et vous avez vu que la loi morale individuelle et collective pouvait rentrer désormais dans l'ordre des vérités prouvées. Or une démonstration n'est pas comme une croyance : quand elle s'est imposée à une intelligence, elle s'impose forcément à toutes ; ce n'est plus qu'affaire de temps et d'éducation. Il y a maintenant dans le monde une masse énorme de vérités scientifiques qu'on ne discute plus ; celles que nous enseignons aujourd'hui en seront bientôt là. Quelque petit que soit donc encore maintenant le noyau positiviste, il est composé d'hommes *démonstrativement* convaincus ; dès-lors la rétrogradation aux croyances révélées n'est plus possible pour eux et la vraie *Catholicité* — vous comprenez ce mot — leur est forcément acquise.

Monseigneur, je comprends l'amertume de votre âme et je la partage. Vous avez travaillé soixante ans pour la gloire de Dieu ; aujourd'hui, sur le seuil de la tombe, vous voyez croûler son temple et périr sa mémoire. En dépit de ces affirmations, à l'aide desquelles il semble que vous cherchiez à vous étourdir, il est évident pour tous que vous doutez du présent et du passé, que vous désespérez de l'avenir. Rassurez-vous, Monseigneur, l'avenir appartient à l'Humanité ; car derrière votre char funèbre, il y aura des Positivistes pour rendre leurs suprêmes devoirs à l'un des derniers et des plus éminents défenseurs de la grande religion qui les a précédés.

HENRY LEFEVRE.

DIXIÈME NUIT.

—

Mon cher Confrère,

Notre jeune homme a trop déliré cette nuit; pour être à même d'écrire avant plusieurs jours.

Il est beaucoup mieux ce matin.

Je vous serre la main.

Dr Y. Z.

P. S.—Ci-jointe la réponse demandée.

RÉPONSE

DU

Dr Y. Z. au Colonel Fréd. von Hœstein.

— — ◦ — —

Paris, le 1er Septembre 1870.

A M. Westermann, rue du Mont-Blanc, 8,
à Genève, pour faire passer au Colonel
Fréd. von Hœstein.

Colonel,

En écrivant au plus... connu de nos jour-
nalistes, vous lui avez dit :

« *Je vous jure sur l'honneur de vous payer*
» *20,000 fr. si mon régiment ne défile pas de-*
» *vant votre palais de l'avenue du Roi-de-Rome*
» *avant le 15 septembre prochain.* »

En vous répondant, indiscrètement à sa
place, je ne peux m'engager d'une manière
analogue ; mais je vous promets, de tout mon
cœur, les soins les plus assidus, si les hasards
de la guerre vous amènent souffrant jusqu'à
moi.

Cela dit: causons, non pas en ennemis,
mais en gens de cœur déplorant ensemble,

vous, les blessures que vous ordonnerez de faire, moi, celles que je voudrais cicatriser.

Vous avez la *certitude de nous vaincre :*
1° *Parce que vous avez* l'appui moral de *toute l'Europe.* Eh bien! non, vous ne l'avez pas ! Car avant de saccager nos campagnes, vous avez mutilé le Danemark, martyrisé l'Autriche et torturé en Allemagne tout ce qui n'était ni à elle ni à vous.

2° Vous avez *la certitude de nous vaincre : parce que vous avez une artillerie supérieure à la nôtre.* J'ai préféré l'Aiguisier au canon. Je ne peux donc vous suivre sur le champ de bataille. Si vous me parliez marine; peut être, en évoquant de vieux souvenirs, pourrais-je vous répondre.

3° Vous avez *la certitude de nous vaincre : parce que vous voulez l'unité germanique.* Si c'est pendant que la Germanie ne veut pas l'unité prussienne; qui vous garantit un succès constant ?

L'idée des annexions vous vient, dites-vous, *de notre empereur.* Si vous la trouvez si mauvaise; pourquoi le copier ?

Il a eu pour imitateurs MM. de Cavour et de

Bismark. Est-ce parce que l'un veut faire entrer les Allemands en France que vous le confondez avec l'autre qui les fit sortir d'Italie ?

4° Vous avez *la certitude de nous vaincre : parce que vos soldats sont bien commandés et que nous avons chez nous des divisions d'intérêt et de principes.* Soit! Mais qu'est-ce que cela prouve ? Sinon que vous entendez encore mieux l'organisation militaire et féodale, que nous ne faisons déjà l'activité libérale et industrielle ; et que vous en êtes encore à comprendre que, poser en principe qu'on doit enrichir son voisin en s'enrichissant soi-même (au moyen de transactions commerciales) et vouloir qu'il en soit ainsi valent mieux que guerroyer sur lui, pour vivre de ce qu'on lui prend.

Vous avez *la certitude de nous vaincre : parce que vous n'avez point d'insubordonnés comme nos mobiles, que vous, vous craignez moins que des collégiens.* Chaque peuple a son caractère : et si vous n'aviez pas tant méprisé le nôtre, vous auriez perdu moins d'hommes à Toul.

Chacun de vos soldats a, dites vous, *l'instruction d'un de nos officiers.* S'il en était ainsi des nôtres ; avec l'esprit d'indiscipline que vous

nous reprochez, depuis vingt ans il n'y aurait
pas eu d'armée possible en France ; et ni vous
ni nous n'aurions à pleurer tant de braves et
dignes gens qui, réconciliés depuis longtemps,
n'ont pas hésité à se battre, pour des hommes
n'osant avouer les vrais motifs de leur ini-
mitié récente.

5° Vous avez *la certitude de nous vaincre :
parce que vous combattez pour la civilisation,
c'est-à-dire pour l'émancipation de l'homme
par l'instruction.* Sans que je veuille imiter
Sancho ; permettez-moi de vous apprendre,
colonel, que c'est la culture du cœur, et non
celle de l'intelligence, qui émancipe l'homme.
Les jacobins de 93, qui ne savaient écrire ni
lire, après quelques mois seulement d'éducation républicaine, vous ont chassés de
France : tandis qu'après deux fois vingt ans
d'instruction impérialement universitaire, vous
envahissez encore nos malheureuses provinces.

Colonel, dans votre lettre si remarquable et
qui nous a tant impressionnés, vous dites... à
qui je ne veux nommer : « *Comment un homme
» comme vous n'a-t-il pas vu que l'avenir ap-
» partient aux races septentrionales ou protes-*

» tantes ; voyez les États-Unis pour l'Amérique !
» Que sont à côté d'eux les petits États des
» races latines ! des républiquettes toujours en
» guerre civile, sans force morale, sans autre
» culte que la superstition de leurs ancêtres les
» inquisiteurs ! »

» En Europe, les deux péninsules de la
» France ne sont-elles pas en décadence. En
» vain nous donnerions un roi à l'Espagne :
» votre voisine la catholique doit vous ap-
» prendre ce qu'est ce pays. L'Italie est dégé-
» nérée à l'ombre des mêmes préjugés : le catho-
» licisme idiotifié (est-ce bon français !). La
» France décline depuis qu'elle a sacrifié sa
» sûreté à l'arbitrage d'un homme qui a tou-
» jours menti tant avec vous qu'avec nous. »

Colonel, malgré mon très-vif désir de vous
répondre phrase pour phrase, sinon mot
pour mot, comme certainement j'irais droit
en prison, si je m'expliquais sur *l'homme* qui
nous gouverne aussi carrément que vous le
faites ; permettez-moi de laisser votre appréciation telle quelle ; de passer immédiatement
à l'examen de tout ce qui la précède : et de
vous dire et m'étonnant à mon tour :

Comment, un homme comme vous, en
voyant les États-Unis d'Amérique (peuplés

surtout d'Anglais et d'Allemands que ne
gênent aucune politique ni voisinage Euro-
péens) sortir à peine d'une abominable guerre
civile, a-t-il pu croire que l'avenir apparte-
nait aux races protestantes !

Et comment encore, en voyant à côté de
de tous ces protestants du nouveau monde les
quelques pauvres catholiques du Mexique et
du Pérou, de l'Équateur et du Chili, et cætera,
et cætera, se maintenir en *républiquette* du
Sud, malgré les populations sauvages qu'ils
n'ont pas voulu achever comme firent leurs
voisins du Nord, et malgré aussi l'empire du
Brésil, plus une partie de l'Europe, plus encore ces États-Unis d'Amérique dont vous
êtes si fervent admirateur... Comment, dis-je,
un homme comme vous ne s'est-il pas écrié :

» Oui, chez ces races latines maintenant si
» dégénérées, il reste encore de la force mo-
» rale ; car à côté *des superstitions de leurs an-*
» *cêtres les inquisiteurs*, il y a le culte de la
» liberté. »

Colonel, je ne peux vous dire, toujours
crainte de la prison, si c'est *vingt ans de des-*
potisme ou *l'empire paix* et non *l'empire*
guerre, ou bien encore le *catholicisme idiotifié*
qui nous a valu *notre déclin, plus l'invasion,*

plus encore la *perte de deux provinces que vous garderez.* Mais je peux vous certifier une chose c'est que : si *l'homme* qui nous-même, renonçant (pour vous battre) aux moyens et gouvernement qu'il préfère encore, réalisait le mot qu'il emprunta, dit-on, à Mirabeau ; et nous *refoulait* en République ; demain l'Espagne y serait ; après demain l'Italie ; le jour suivant la moitié pour le moins des États de l'empereur archiduc et roi ; et peut-être le jour d'ensuite les deux tiers de vos alliés enthousiastes et victorieux. Alors que ferait votre nouveau Charles-Quint ? Pour maintenir ses nouveaux sujets allemands et surtout ses nouveaux gueux d'Alsace et de Lorraine ; a-t-il donc un nouveau Philippe II, tout prêt à faire de sa nouvelle Prusse une nouvelle Espagne ?

Mais j'ai tort d'imiter en ses rodomontades, que vous blâmez si justement, le... fameux journaliste dont la papillone politique vous a tant ébloui. Donc rentrons dans notre sujet.

Nous nous sommes liés, dites-vous, *à la dynastie des Bonaparte, par crainte de la sociale. C'est-à-dire que nous avons voulu éviter Charybde et que nous sommes tombé en Scylla.* Eh bien ! oui, nous avons pris les Bonaparte, pour éviter la sociale! Eh bien! oui, pour éviter la démocratie absolue et l'absolue royauté ; nons sommes tombés deux fois dans le fatal provisoire de toute ère qui finit et de toute ère qui commence : l'empire absolu.

Mais, si nous l'avons fait deux fois, deux fois à qui la faute ? A vous autres, Messieurs les Protestants, qui, dès notre première République, nous avez forcés de prendre (comme vous faisiez alors et comme encore maintenant vous faites) des généraux habiles pour de grands citoyens.

Colonel, votre lettre, commencée par une juste ironie et quelque peu de jactance, abonde en citations qui décèlent une instruction certainement remarquable. Mais permettez-moi de vous le dire, une appréciation peut être erronée des faits ; car, si vous aviez contemplé la carte et l'histoire de l'Europe ainsi que la carte et l'histoire de notre malheureux N.-E., dans un but exclusivement humanitaire et pacifique, et non tout militaire et théocratique : vous auriez compris que (de par la topographie même de notre vieux continent) toujours les septentrionaux, trop indépendants personnellement, et toujours les méridionaux (trop socialement subordonnés) sont venus à leur manière, c'est-à-dire en dévastant nos campagnes et nous foulant aux pieds, nous charger de les mettre d'accord.

Vous auriez compris cela d'abord !

Et vous auriez compris ensuite que, depuis la Renaissance au moins et surtout depuis trois quarts de siècle (bien que l'Europe nous ait fait culbuter de République en Empire et d'empire en Restauration), la France n'a jamais cessé de travailler à concilier ce qu'il peut y avoir de bon dans le *protestant* amour du progrès *matériel,* avec ce qu'il peut y avoir de bon aussi dans le *catholique* amour de l'ordre *spirituel.*

Vous auriez compris cela ensuite !

Et vous auriez compris enfin que cette même France n'a jamais cessé non plus de chercher (et pour elle et pour vous qui l'avez tant troublée) le passage qui doit nous mener tous, de la civilisation féodale théocratique et belligérante, au régime libéral industriel et pacifique, seul capable de prévenir des orgies comme celle qui déshonore en ce moment même votre pays et le nôtre.

Alors, parce que vous auriez compris toutes ces choses, en simple citoyen du monde et non pas en ⟨brillant colonel prussien, vous n'auriez pas fait sourire les hommes sensés de notre pays, et peut-être du vôtre, en leur disant :

Croyez-vous en Dieu seulement ?

Eh bien ! non, nous n'y croyons pas !

Eh bien ! non, nous ne voulons plus croire à ce dieu terrible des batailles *qui nous délaisse.* Car il n'est plus, pour nous, qu'un vieux Saturne édenté, qui se réjouit encore de voir ses fils s'entr'égorger, ne pouvant plus les dévorer lui-même. Colonel, notre dieu, à nous qui n'aimons plus que le travail ; c'est l'humanité.

L'humanité qui guida l'Afrique, avec ses fétiches animaux. L'humanité qui guida l'Asie, avec ses idoles moitié bêtes et moitié hommes ; l'humanité qui guida notre antiquité avec son Olympe anthropomorphe ; et notre moyen-âge, avec son Christ. L'humanité, enfin, qui se montre telle quelle aux penseurs de votre pays et du nôtre ; et me fait dire, en vous quittant :

Salut et fraternité,
salut et fraternité à la France et à
l'Allemagne,

qui se figurent combattre pour l'indépendance du monde ; pendant que leurs voisins
d'Est et d'Ouest n'attendent peut-être que leur
mutuel épuisement pour continuer d'asservir
et la terre et les mers.

TABLE DES MATIÈRES.

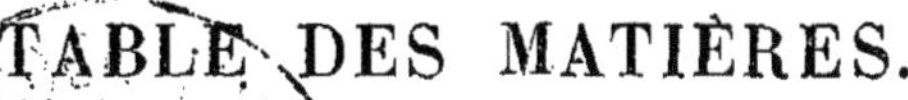

Paris.—Typographie de E. Brière, 257, rue Saint-Honoré.